**儲**かる商品はどう開発されているか

# 〈ヒット！〉商品開発バイブル

仮想プロジェクトの開発をシミュレーションを通して
売れる手法を明らかにする!!

**中小メーカーの開発実例** 付

Baba Satoru
馬場　了
Kawai Masatsugu
河合正嗣

## はじめに

### ヒット商品開発を目指すあなたへのメッセージ

あなたが商品開発を目指す中小メーカーの方だったら？
あなたが商品開発によって経営を活性化したいと考える経営者や、商品開発を指示された担当者だったとしたら……きっと勇んで書店に出かけ参考になりそうな書籍を探すに違いありません。

### 困った！　中小メーカーに向けた商品開発のビジネス書がない！

その期待は早々に裏切られることになるはずです。
なぜならば商品開発活動に必要と思われるさまざまなコンサルティングやマーケティング、商品企画発想、デザインそしてエンジニアリングについて書かれた専門書はたくさん見つかるのですが、それらを総動員して行う商品開発の一貫した手法そのものについて解説した実用書は少なく、まして中小メーカーの経営事情を理解した上で書かれたビジネスのハウツウブックは皆無だからです。

### 商品開発の専門家もいないの？

その理由は本格的に商品開発を研究したいと願う人々を指導する教育機関や、商品開発全体を支援する専門家が極めて少ないことが証明しています。しかもその知識のほとんどが大企業の組織的な開発システムに埋もれ門外不出になっているのが現実なのです。しかし大企業に頼れないこんな時代こそ、**経営資源に限りのある中小メーカーに有効な開発システムが求められている時代はありません**。

そこでこの本の出番です。

本書は、今まで誰も書かなかった総合的な商品開発手法を、開発ノウハウが蓄積されていない中小メーカーや商品開発を学ぶ人々に提供するために、多くの商品開発現場で活躍するデザイナーとコンサルタントが協力して、**誰でも予備知識なしに、読みながら、そして手順に従ってワークシートに記入するうちに、確実なヒット商品ができあがる**「商品開発バイブル」として完成させました。

これはすべての中小メーカーの経営者と開発担当者そして商品開発を学ぶ人々必携のバイブルです。

### ホームランではなくなぜ＜ヒット！＞商品開発なのか？

世の中には次々と星のごとくの商品が市場へ投入され、ホームラン性の大ヒット商品が賑やかに喧伝されています。そんな記事や成功した社長さんのサクセスストーリーを見聞きすると、商品開発担当者や経営者は「よし！　わが社もここで一発」と意気込みたい気持ちになるのはよくわかりますが、ちょっと待ってください！

近年大ヒットを連続して飛ばし続け繁栄している企業などありません。それは今の時代、**生活者が多様な価値観を持つようになったために市場のニッチ化が進み、誰でもが欲しがるような大量均一な商品が生まれにくくなっているからです**。また中小メーカーはホームランになるほど大市場に大量の商品を投入する経営環境が整っているとは考えられません。

### ヒットの結果がホームラン、やがてリーディングカンパニーになる

そんな時代だからこそ無理せず確実なヒット商品開発のシステムをつくり上げ、シングルヒット商品を連続して市場へ送り出していくことが「中小メーカー型商品開発」の王道です。

プロ野球のホームランバッターもヒットの延長がホームランになると言っているように、確実なヒット商品の市場投入が自立する企業としての地位を固め、狙い澄ましたシングルヒットを続けた結果が得点につながり、その業界でのリーディングカンパニーの地位を獲得する力になります。
　さあー、肩の力を抜いてバッターボックスに入り、市場の隙間に計算しつくした＜ヒット！＞商品を打ちましょう。
　本書はそこに至るシステムをわかりやすいマニュアルとして提供します。

## こんな思いをした人の必携バイブルです

　次のような経験や想いを一度でもしたことがありませんか？　そんな思いがひとつでもあったら、この本はあなたのためのヒット商品を続々と生み出す「商品開発バイブル」になります。

1　受注型企業から脱却したいが、商品開発の手法がわからない
　1）　市場ニーズ発見の手法を知りたい。
　2）　新しいアイデアの発想法や企画の立て方を取得したい。
　3）　商品の売り方を含め事業化と市場導入の方法を知りたい。

2　商品開発の経験があるが、期待した成果が得られなかった
　1）　企画案はよかったが自社の技術では商品化できなかった。
　2）　製品はできたが商品として販売するまでに至らなかった。
　3）　販売にこぎ着けたが利益を上げるまでには至らなかった。

3 製造優先主義から顧客満足優先主義への体質転換を図りたい
 1) 性能や機能を高めることに関心は高いが商品感覚に乏しい。
 2) 社会・生活・流行など市場動向に関する情報に疎い。
 3) 顧客満足達成のための一貫した組織的開発活動が苦手だ。

4 商品開発ノウハウを獲得したいが、総合的な相談先がない
 1) コンサルテーションの結果を商品開発計画に反映できない。
 2) マーケティング成果を具体的な商品案に具現化できない。
 3) 経営・製造・販売に至る一貫した商品開発指導が得られない。

このバイブルは、そんなあなたの悩みや期待をしっかり受け止める商品開発コンサルタントとして大きな力を発揮します。

2001年3月吉日

馬場　了

河合正嗣

## 付属CD-ROMについて

■CD-ROMのフォーマット形式
このCD-ROMは、Windowsの環境のみでご利用いただけます。

■収録ファイル一覧（Windows版）
このCD-ROMには以下のファイルが収録されております。ファイルの内容の詳細については、本書の「CD-ROMの使い方」のページをご覧ください。
・ReadMe.txt
・はじめに（商品開発ワークシート）.doc
・商品開発ワークシート.ppt

■注　意
CD-ROMのPowerPoint他ファイルを使うことによって生じた結果および影響ついては、いっさい責任を負いかねますのでご了承ください。
このPowerPoint、Excel、Wordファイルの使用方法・変更方法については、いっさいお答えできませんのでご了承ください。

■ソフトのバージョンについて
(1) 本書に収録している『商品開発ワークシート』は、PowerPoint97、2000のみ対応しています。それ以外のバージョンでは作動しません。
(2) 同様にExcelも97、2000が対応しております。それ以外のバージョンでは作動しません。
(3) Wordも97、98、2000が対応しております。それ以外のバージョンでは作動しません。

■本書の対応機種
(1) ＯＳ：Microsoft Windows95/98
(2) アプリケーションソフト：Microsoft PowerPoint 97、2000およびMicrosoft Excel97、2000、Microsoft Word97、98、2000（本書には上記ソフトは付属しておりません。別途ご用意ください。）

■必要ハードウェア
(1) 上記のソフトウェアが作動する、Pentium以上のＣＰＵを搭載したパーソナルコンピュータ
(2) CD-ROMドライブ
(3) 32ＭＢ以上のメモリ
(4) 10ＭＢ以上のハードディスクの空き容量

■本書の内容について
(1) アプリケーション・ソフトウェアおよびハードウェアの機能や操作については、それぞれのアプリケーション・ソフトウェアおよびハードウェアに付属のヘルプ（説明書）をご覧になるか、直接、発売元へお問い合わせください。
(2) 本書で作成したシートや、本書付属のCD-ROMに収録されているソフトウェアを運用されたことにより発生した損害については、著者および出版社ではいっさいの責任を負いませんのでご了承ください。
(3) Microsoft、Windowsは、米国Microsoft Corporationの米国およびその他の国における商標または登録商標です。
Pentiumは、米国Intel Corporationの米国およびその他の国における商標および登録商標です。
本書に記載した会社名または製品名などは、一般に各社の商標または登録商標です。

■『商品開発ワークシート』の使い方
(1) まずCD-ROMのRead Me.txtをお読みください。
(2) 次にPowerPointのファイルをデスクトップか、My Documentに保存してください。
(3) 保存先からプリンターで出力して手書きで書き込むか、直接コンピュータ上から入力してからプリンターで出力してください。
(4) コンピュータで直接入力された場合は、後程の混乱を避けるために違うファイル名で保存されることをお勧めします。

## ＜ヒット！＞商品開発バイブル……………もくじ

はじめに

## 林檎に見る商品開発の話

## 第1章 商品開発の基礎知識

1　商品開発の第一歩は顧客への徹底奉仕から…*18*
2　商品開発はヒト・モノ・バの3要素から出発する…*21*
3　誰にでも売れる商品はない。ターゲットを決める…*24*
4　捨てる。絞り込む。商品コンセプトを研ぎ澄ます…*27*
5　商品開発活動は3要素のマクロのミクロ化だ…*30*
6　6つの条件を満たすとヒット商品になる…*32*
7　常に進化の半歩先を行く商品開発をする…*35*

商品開発バイブル8つの特徴…*38*

商品開発バイブルの使い方…*40*

CD-ROMの使い方…*41*

## 第2章 自社の強みを生かした開発を始めよう

**商品開発プロセスSTEP-1　企業環境分析段階**
　プロローグ・売上降下の淵から…*44*
　　ブロック1　ヒト　社会環境分析…*55*
　　　　CD-ROMスライド番号①②

ブロック2　モノ　社内環境分析…66
　　　　　　　　CD-ROMスライド番号③
ブロック3　バ　業界・市場環境分析…73
　　　　　　　　CD-ROMスライド番号④
　　　STEP-1まとめ　課題整理と大まかな開発の方
　　　　　　　　　　向性の設定…79
　　　　　　　　CD-ROMスライド番号⑤

## 第3章　ヒット商品開発計画をつくろう

**商品開発プロセスSTEP-2　商品開発計画段階**

ブロック4　ヒト　生活者（顧客）ニーズの把握…85
　　　　　　　　CD-ROMスライド番号⑥
ブロック5　モノ　自社シーズの応用と展開…113
　　　　　　　　CD-ROMスライド番号⑦
ブロック6　バ　市場でのニーズ確認…117
　　　　　　　　CD-ROMスライド番号⑧
　　　STEP-2まとめ　商品開発計画書の作成…125
　　　　　　　　CD-ROMスライド番号⑨⑩⑪⑫

## 第4章　ニーズを満足させるアイデア発想をしよう

**商品開発プロセスSTEP-3　商品企画段階**

ブロック7　ヒト　ターゲットの明確化…136
　　　　　　　　CD-ROMスライド番号⑬⑭
ブロック7　ヒト　顧客からのアイデア発想…143
　　　　　　　　CD-ROMスライド番号⑮
ブロック8　モノ　製品からのアイデア発想…147
　　　　　　　　CD-ROMスライド番号⑯

ブロック9　　バ　　市場からのアイデア発想…153
　　　STEP-3まとめ　商品コンセプトの設定…158
　　　　　　　CD-ROMスライド番号⑰

# 第5章　売れる商品づくりと売り方の計画をしよう

**商品開発プロセスSTEP-4　商品開発段階**

　　ブロック10　ヒト　商品デザイン…167
　　　　　　　CD-ROMスライド番号⑱⑲
　　ブロック11　モノ　商品設計…185
　　ブロック12　バ　　市場導入計画…186
　　　　　　　CD-ROMスライド番号⑳㉑

　　エピローグ・アスカブランドの復活と未来への期待…208

# 第6章　商品開発のマネージメント

1　商品開発マネージメントの3要素…218
2　「手法」自社事情にあった開発手法をつくろう…221
3　「評価」商品開発の品質と価値評価…224
　1）商品開発の品質評価（ヒット商品開発の監視役機能）…226
　2）商品開発の市場価値評価（儲かる商品開発の監視役機能）…226
　3）評価の流れと評価の個別項目…227
　　　ステップ1　企業環境分析段階の評価…227
　　　ステップ2　商品開発計画段階の評価…228
　　　ステップ3　商品企画段階の評価…229
　　　ステップ4　商品開発段階の評価…230
　　　ステップ5　販売段階の評価…231

4）開発成果を定量的に判断する…232
4 「体制」ヒット商品を生み出す開発体制づくり…238
　1）開発体制と成果…238
　2）新しい商品開発体制づくり…239
　3）商品開発と事業活動…244

## 第7章 ＜ヒット！＞商品開発事例
### ～シェアをかけた商品開発事例

1　ゲレンデ整備車両の開発事例…250
　　（株）大原鉄工所TRIGGERプロジェクトの挑戦
2　エピローグ・ディアロードの開発を通して…268

制作■モッカン都市

林檎と商品開発の話

## まったく同じ品質と価格の林檎が2つあります
## まるでクローン林檎です

さあ、あなたはどちらを選びますか？

# 「林檎に見る商品開発の話」

> あなたはどちらを選ぶでしょうか？

　あなたが林檎を買うために、果物屋の店先にたたずんでいる姿を想像してください。
　目の前には真っ赤に熟れた美味しそうな林檎が2つ並んでいます。よく見るとその林檎は、色・艶・形・大きさ・重さ・香り・熟れ具合・品種・産地・価格・多分味も含め、まったく差異の無いクローンリンゴのようです。「さあ、あなたならどちらを選びますか？」

　これは商品開発とまったく関係のない話のようですが、実は大変深い関係のある話なのです。
　林檎は農産物ですが、そのまま工場でつくられた「商品」に置き換え考えてください。あなたは、デザイン・性能・機能・価格・サービスなど、瓜二つの差別化されていない商品を選ばなければならない状況に立たされていることになります。「どっちでもいいよ」と投げやりな声が聞こえてきそうです。

林檎と商品開発の話

## 今度は選べるでしょうか？

## どうして選べたのでしょうか？

そうです。安全な果物を食べたいと願っていたあなたの
「潜在ニーズを満足させる商品」になったからですね！

●

さあ、それでは「潜在ニーズを満足させる商品」に
仕上がった林檎の身に何が起こったのでしょうか？

| 安全な林檎をつくろう | 無農薬でつくる | シールでアピールしよう |
|---|---|---|
| 1. 商品企画 | 2. 商品設計 | 3. 市場導入計画 |

### 商品開発の仕事

この3つの機能を総合した「商品開発」の活動があったのです。

それでは少し状況を変えてみましょう。左の林檎に何やらシールが貼られました。そこには「無農薬・有機栽培」と印刷されています。「さあ、今度は選べますか？」
　工業製品で言えば、ようやく商品の差別化が施されたことになります。現代に生きる生活者であれば「無農薬・有機栽培」のシールが貼られた林檎を選ぶ確率が高いと思います。今度はあなたも自信を持って選ぶことができるに違いありませんね。

　「なぜ選べるようになったのでしょうか？」「シールが貼られて見栄えがよくなったからでしょうか？」それも少しは影響していると思いますが、どうも「無農薬・有機栽培」と印刷された情報の中身にその理由が秘められているようです。
　あなたがシールの貼られた林檎を迷わず手にできた理由は、食品を選ぶ際に、美味しさと同じくらいに安全性を重視するあなたの潜在ニーズに応えた商品になったからです。このことから本書テーマである＜ヒット！＞商品の開発は、商品企画・商品設計・市場導入計画の３つで成り立っていることを理解してください。

　いかがですか？　身近などこにでもある生活の中に品も、開発の原則を発見することができます。本書は商品開発の３つの仕事を、特別な経験がない人に対して、極めてシステマティックにやさしく実践できる「商品開発バイブル」にしました。
　今までの既成概念を捨てて、このバイブルをあなたの商品開発コンサルタントだと思い、小学生時代の素直な気持ちで商品開発を楽しんでみてください。決して欲張ってはいけません。小さなヒット商品をマーケットに送り続けていくうちに、きっとあなたの会社は業界のリーダー的ポジションを獲得しているに違いありません。

第1章

# 商品開発の基礎知識

<ヒット！>商品開発の土台づくり

### 商品開発の世界へようこそ！

　さっそく商品開発を実践したいところですが、ちょっとお待ちください！　このバイブルをより効果的に使いこなすためには、今の時代のマーケットとバイブルのコンセプトをしっかり理解することが最初の課題です。

　第1章は、製造業にとって利益の源泉である「ものづくり」の基本的考え方をやさしくまとめています。ですから心配しないでください。読んでいくうちに「これならやれそう！」と勇気が湧いてくるはずです。ただ必要なことは、自分の名前を初めて書いた小学1年生の時の素直な気持ちを持ち続けていただくことだけです。

　このお話はぜひ商品開発に直接間接に関わる会社の方々にも事前に説明してください。実際の開発に入る前に、あなたと同じ共通の基盤をつくっておくことは、後になってきっと、あなたと商品開発そのものを救ってくれるはずです。

## 商品開発の第一歩は顧客への徹底奉仕から

　商品開発の仕事の基本を理解していただいたと思うが、次に生活の身近な例から商品開発を進める姿勢を確かめたい。

### プロダクトアウトとマーケットインのカレーライス

　主婦のA子さんが夕食の支度をするために冷蔵庫の扉を開くと、野菜収納庫にジャガイモ、ニンジン、タマネギがあり、冷凍庫には牛肉が入っていた。納戸にはカレールーがありもちろん米もある。自分の料理経験から考えてみてもメニューは「ビーフカレー」が当然と思えた。

　もう一方の主婦B子さんは、最近つくった料理を思い浮かべながら、家族の健康状態や食べ物の好みも考えた後に、A子さんと同じように冷蔵庫の中身を確認して、メニューをちょっと工夫して野菜たっぷりの「ベジタブルカレー」に決めた。

　家族にとって野菜カレーは初めてのメニューであるが、B子さんは以前からカレー好きの家族のために、バリエーションを研究していたのだった。当然家族は全員野菜が大好きであることは言うまでもない。

　A子さんがつくったカレーライスは商品開発の見方をすると「プロダクトアウト」のモノづくりと言われ、顧客の欲求を無視し、つくり手の事情を優先した結果的に「売れない商品」をつくり出すことになる。

それに対しＢ子さんがつくったカレーライスは「マーケットイン」のモノづくりと言われ、顧客欲求の満足を最優先に考えた商品開発を行い「儲かる商品開発」への近道となる。
　もしあなたが選べるとしたらどちらの家族の一員になりたいと思うだろうか？　いや、どちらのモノづくりに魅力を感じ大切なお金を払う気になるだろうか？
　儲かる商品開発は、顧客の満足達成に向かってひたすら企業の力を集中することから始まる。
　この「マーケットイン」という概念は「そんなのは当たり前だ。当社ではとっくにやっている」と思われるかもしれない。
　しかしながら世の中には「当社にはこのような技術があるからつくってしまえ」というものが溢れているものである。後ほど述べるが、一体誰に向かってどのような目的でつくった新商品なのかが明確でない商品をあなたの会社ではつくっていないかどうかをもう一度点検してみよう。「販路求む」「どこかで扱ってくれませんか」ということが出てしまったら要注意である。
　この事例の場合も「ベジタブルカレーライス」でどうかと探りを入れて家族に「またー！　もう嫌だ」と言われたのならば、違うメニューを考えて提案しなければならないことは言うまでもない。

## 2 商品開発はヒト・モノ・バの3要素から出発する

次にマーケットインのモノづくりを実践するためには、具体的にどのようなすすめ方をしたらよいのかを、同じくマーケットインのカレーづくりで考えてみよう。

### 商品開発の3つの仕事とヒト・モノ・バの3つスターティングポイント

B子さんのカレーライスづくりをベースに、商品開発のすすめ方を検証してみよう。彼女はおおよそ次のような手順で考え実行し、家族を満足させてくれたと考えられる。

1　メニューの企画（商品企画）……ヒト・生活要素研究

家族の健康状態・好み・最近の食事を調査し、家族の満足達成を最優先しメニューを「ベジタブルカレー」に決定した。

2　調理（製品設計）……モノ・製品要素研究

「ベジタブルカレー」をつくる技術を日頃から磨き、食材や調理器具の不足を整え、美味しく喜んでもらえるカレーをつくった。

3　食事の演出（市場導入計画）……バ・流通販売要素研究

出勤前の夫に今日はカレーだから……と囁きメニューを予告する。テーブルセッティングや照明を工夫し食欲を増進させ、たくさん食べてもらった。

何気ない日常のどこにでも見られるほほえましい風景だが、そのなかにも商品開発の原則が垣間見える。
　つまり、**原則とは、商品開発は漫然と進めるのではなく、常にヒト（生活要素研究）モノ（製品要素研究）バ（流通販売要素）の3要素を同時並行的に研究しながら進めることなのである。**
　さらに一歩進んで考えてみよう。

### メニューの企画（商品企画）……ヒト・生活要素研究
　調査するということは意外に難しいかもしれない。あなたなら家族からどうやって聞き出すか？　あるいは聞き出せなかったらどうするのかを考えてみよう。

### 調理（製品設計）……モノ・製品要素研究
　冷蔵庫・冷凍庫・納戸の中にあるものをもう一度確認してみよう。家族に聞いてベジタブルカレーは「嫌だ」と言われてしまったら、これらの素材を使って違うものを考えなくてはならない。あなたならどうするか？　ひとつのバリエーションだけでは対応できないし、バリエーションごとに技術や、器具も考える必要がある。

### 食事の演出（市場導入計画）……バ・流通要素研究
　帰って来て食べる予定だったのに、突然夫に「今日は外で食べてくるから」と電話があった。さてこのような事態にあなたならどう対応するであろうか？　せっかく演出したのにムダになってしまう。怒って早く寝るなんて言わないように。

# 第1章 ● 商品開発の基礎知識

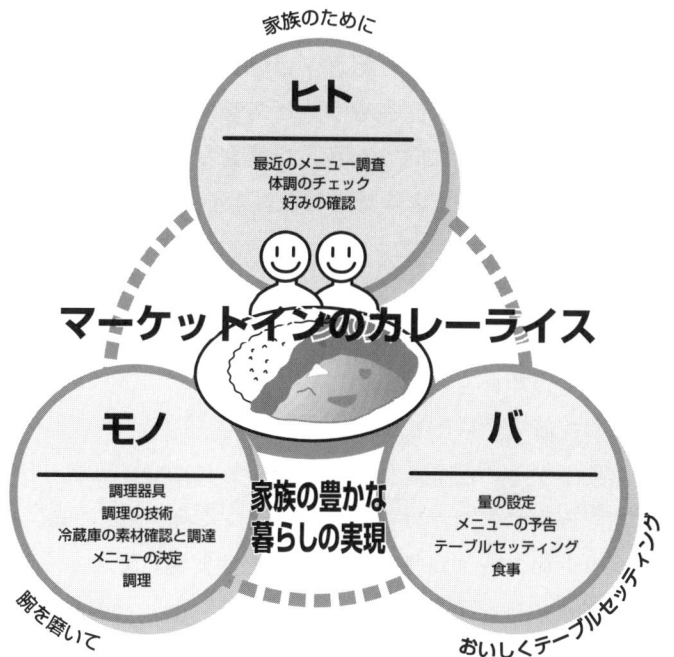

## ヒト・モノ・バで考える マーケットインのカレーライス

**ヒットする商品開発はヒトとモノとバの3要素を
同時並行的に研究しながら進めよう**

# ③ 誰にでも売れる商品はない。ターゲットを決める

　現代のマーケットは価値観の多様化によって、誰でもが同じ商品を欲しがることはない。それぞれが自分の理想とする快適で豊かな生活を実現するために、商品やサービスを消費するとしたら儲かる商品開発は、最初に誰に向けた商品を開発しようとするのか、そのターゲット（標的市場）を決めなければならない。

## ライフスタイルの違いで選ぶカメラが変わる

　下記に2つのターゲット像を設定してみた。ヒットする商品開発をつくり出すためにためには、このように最初にターゲットのライフスタイルを研究することから始めよう。

　ターゲットがその商品を使用するシーンについてリアリティー溢れる言葉で表現できたらヒット商品に近づく第一歩となる。

　ターゲットのニーズが把握（ヒト・生活要素）できたら、次にそのライフスタイルをより快適にするための、モノ（製品要素）とバ（流通販売要素）の各要素を同時に設定する。

### ターゲットモデル　A

　65歳S子さんは旅行が趣味。子育ても済んで陶芸サークルで知り合った同世代の友人と夫婦同士、1年おきの海外旅行と年に数回の史跡を巡る旅を楽しんでいる。

　メカには弱いが気に入った旅のシーンや、作品の記録を気兼ねなく写せる自分だけのカメラが欲しいと思った。

第 1 章 ● 商品開発の基礎知識

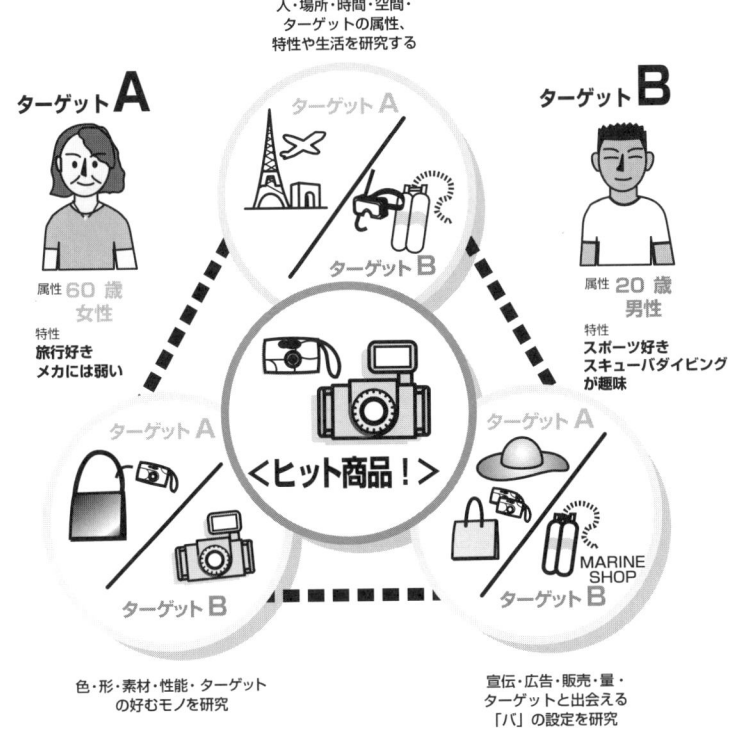

### ターゲットモデル　B

　25歳K男くんはスポーツが趣味。特に彼女と一緒に始めたスキューバダイビングに今のところ夢中だ。来年はメールで知り合いになったオーストラリアの友人を訪ね、2人で潜りに行く計画を立てている。

　**特別にカメラの趣味はないが水中の美しい時間を切り取っていけるようなカメラがあればいいと思い始めていた。**

　カメラという同じテーマで随分違うものがイメージできないだろうか？

　メカが弱いS子さんに、高機能の性能抜群で、でも取扱いはかなり複雑でマニュアルを読まないと使えそうもないカメラがあったとしたら多分購入しないであろう。

　K男くんは、水中に入れたら壊れてしまうカメラは絶対に買わないであろう。でも高機能で取扱いがある程度難しくても買いそうだとは思える。

　自分の会社で考えてみよう。ある商品ひとつを取り上げてみて本当にターゲットが明確になっているだろうか？　誰にでも対応できるように色々な機能をつけ過ぎていないだろうか？　たとえばメインターゲットは「もっと表示してある字がはっきり読めればよいのに」と思っているのにつくっている側の都合で「細かい字」や「英語の略字」で表記したりしていないだろうか？

## ④ 捨てる。絞り込む。商品コンセプトを研ぎ澄ます

　商品開発の中で最も重要な仕事は、「ターゲットが魅力を感じる商品の個性をいかにつくり込むことができるか！」だ。
　ヒット商品と凡打の商品の違いはここに現れる。この商品の個性をつくり込む作業が「商品コンセプト設定」と言われる。商品コンセプトとは他社の商品に対して、徹底した差別的優位性を築く特徴づけをすることで、そのためには誰にでも好まれようとする曖昧さを捨てること。徹底した方向性を絞り込む勇気を持つことがターゲットの心を強く揺さぶる秘訣である。

### 商品コンセプト設定の姿勢

1．誰にでも好かれようとしないこと（ターゲットの明確化）
2．テーマを明確にしてそれに焦点を当てること（ポジション設定）
3．焦点を絞り込み徹底して深めること（個性化・特徴付け）

### 商品コンセプト設定項目例

ターゲットモデルＳ子さんのカメラ商品コンセプト設定（例）

機　　能　接写機能　撮影データメモリー（音声入力）機能
　　　　　（絵本感覚の楽しい取扱い説明書とビデオで、徹底して
　　　　　カメラの楽しい使い方をサポートする。機能は控えめ）
性　　能　レンズ解像度×××　シャッター速度××　重量××

| 品　　質 | 外装品質ワンランクアップ（光学系機械系は××流用） |
|---|---|
| デザイン | 皮革性ボディー（6色から選択）の化粧ポーチ感覚 |
| 価　　格 | 8万5000円 |
| ポジション | 徹底した簡単操作でホビーライフをサポートする。シニア専用のリッチカメラ |
| キャッチ | 人生と趣味を楽しむシニアをサポートする |
| フレーズ | ＜ホビーライフの楽しみ倍増カメラ・SYARAKU ⅰ＞ |

　この例でもわかるように、焦点が絞り込まれたらキャッチフレーズは短くわかりやすいものになる。大体1行20文字程度のものになるのが普通であろう。

　コンセプトの設定をお尋ねすると長々とした商品説明になったりする。この例ならば「機能はあまり多くなく、お年を召した方でも簡単に使える高品質感あふれる外装ボディーのやや高価格のカメラ」というように。

　どのようにでも取れるコンセプトでは意味がない。気づいて手にとってみようかなと思われるキャッチフレーズでなければつける必要がない。

　つまりコンセプトとは「気づかせる力」が発揮でき、「使ってみて納得する」ポイントが現されていることが求められる。

　逆にコンセプトの表現が素晴らしすぎて、実際使ってみたら満足度とギャップがあったといわれないように注意しよう。

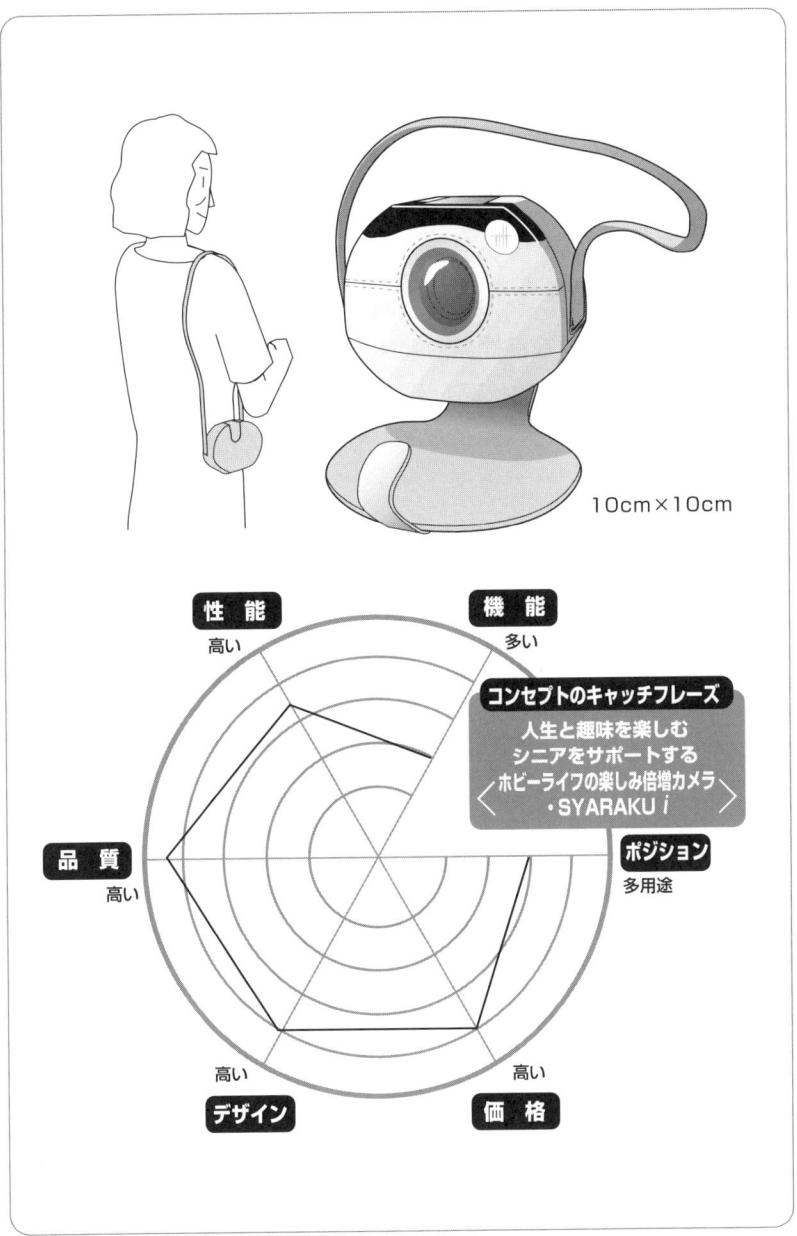

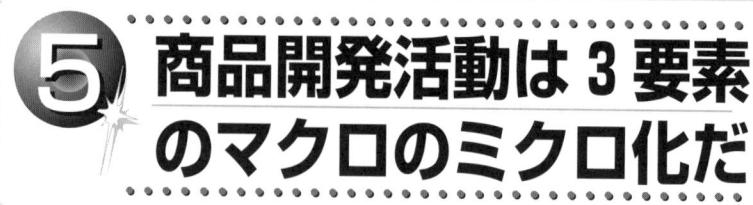

## 5 商品開発活動は3要素のマクロのミクロ化だ

　商品開発はヒト・モノ・バの3要素を同時並行的に研究することであると説明したが、商品開発活動はヒト・モノ・バの3要素を起点にして、3要素のマクロ的状況をある手順でミクロ化することである。

　ある手順とは、左のページと下の図に示すように3要素を4つのステップで12ブロックのプログラムを消化し商品として市場に投入することである。

### 商品開発プログラム

| | ヒト（顧客） | モノ（企業・製品） | バ（市場） |
|---|---|---|---|
| STEP-1<br>企業環境分析段階 | ブロック1<br>社会環境分析 | ブロック2<br>社内環境分析 | ブロック3<br>業界・市場環境分析 |
| | 自社の強みを活かした大まかな開発方向の決定・評価 | | |
| STEP-2<br>商品開発計画段階 | ブロック4<br>生活者（顧客）ニーズの把握 | ブロック5<br>自社シーズの応用と展開 | ブロック6<br>市場でのニーズ確認 |
| | 新しい需要を創る商品開発計画の決定・評価 | | |
| STEP-3<br>商品企画段階 | ブロック7<br>顧客の立場からのアイデア展開 | ブロック8<br>製品機能からのアイデア展開 | ブロック9<br>売場要素からのアイデア展開 |
| | 売れる商品企画案と事業企画案の決定・評価 | | |
| STEP-4<br>開発段階 | ブロック10<br>商品デザイン | ブロック11<br>商品設計 | ブロック12<br>市場導入計画 |
| | 売れる商品の完成・評価 | | |

製造・販売・サービス
▼

| 成果1 | 売れる新商品の完成 |
|---|---|
| 成果2 | 「新しい需要と市場を創造する」新商品開発手法の獲得 |
| 成果3 | 開発能力の向上と開発体制の整備 |

開発結果評価

## 商品開発のすすめ方の概念

**商品開発はヒト・モノ・バの3要素を起点にして
それぞれのマクロ的状況をミクロ化する活動だ**

マクロ

- ヒト / モノ / バ
  - 社会環境分析
  - 社内環境分析
  - 業界・市場環境分析
  - **STEP-1** 環境分析段階

- ヒト / モノ / バ
  - 生活者(顧客)ニーズの把握
  - 自社シーズの応用と展開
  - 市場でのニーズ確認
  - **STEP-2** 商品企画段階

- ヒト / モノ / バ
  - 顧客からのアイデア発想
  - 製品からのアイデア発想
  - 市場からのアイデア発想
  - **STEP-3** 商品開発計画段階

- ヒト / モノ / バ
  - 商品デザイン
  - 商品設計
  - 市場導入計画
  - **STEP-4** 商品開発段階

社会的トレンドの把握 → 個人的事情にせまる

ミクロ

→ **ヒット商品**

# 6 6つの条件を満たすとヒット商品になる

　3要素×4ステップ＝12ブロックのプログラムを消化すると、それは6つの条件を満たしたヒット商品になるはずだ。商品開発の最終段階として企画した商品をターゲットの価値観を基準として、6条件をガイドに自己評価することが欠かせない。

## 商品開発の評価項目を設定する

**1　使いやすいか**

　ターゲットの立場（知識、身体的特徴）になりきり、使用（使わせたい）シーンを想定してシミュレーションを行い評価項目を定める。

**2　美しいか**

　ターゲットのライフスタイル（ファッション、インテリア傾向）や価値観を考慮し、デザインのテイストを定め評価項目を設定する。

**3　つくりやすいか**

　自社のシーズ（ものをつくるに当たって固有の技術と素材）に適合しているか、設備なども考慮し評価項目を設定する。

**4　売りやすいか（買いやすいか）**

　競合品との差別的優位性と販売政策上の差別的優位性から見た売りやすさの項目を考慮して評価項目を設定する。

# 第1章 ● 商品開発の基礎知識

**6つの要素で満たすヒット商品**
（商品評価基準）
6つの条件を大項目に据え、商品ごとに開発評価項目を設定し
評価を行うことがヒット商品づくりの道

**6つの条件で満たす魅力的な商品**

商品開発は、
商品コンセプトを中核にして企業のシーズを展開し、
顧客のニーズを満たす活動

5　環境適合性は

　生産、使用、廃棄までの商品ライフをシミュレーションし環境負荷を与えないよう配慮した評価項目を設定する。

6　価格適合性は

　商品価値やターゲットの可処分所得、競合商品との関係で検討し設定する。


　商品開発のテーマやターゲットごとに、6つの条件をガイドとして詳細条件を設定するとよい。

　これらの評価項目については、あくまでも顧客の調査に基づいてつくられる必要がある。顧客の視点を入れないで、社内の事情だけで評価項目を設定しても市場導入してヒットしないであろう。

　さらにもうひとつポイントがある。自社の技術に合わないからといって止めてしまう危険である。2番目の「つくりやすいか」で現時点の自社技術では無理と判定されても、新たな技術導入をしたり他社と提携したりして可能となる場合もある。あるいは休眠特許で解決することもあり得る。

　せっかく検討してきたアイデアを最後の段階でつぶすことがないようにニーズがあり、市場があればそれを導入するという観点も十分探索、調査、検討しよう。

第1章●商品開発の基礎知識

7 常に進化の半歩先を行く商品開発をする

　私たちがつくろうとする商品に求められる欲求は一瞬たりとも止まってはくれない。時代の移り変わりと共に生活者が商品に求める価値観は次々と進化を遂げている。

　ヒットする商品開発は価値観の変化から、時代の半歩先を読み取った商品の進化を計画することから始まる。

1　充足の時代

　いわゆる物不足の時代であり、見方を変えれば新発明に近い商品が市場に出回った売り手市場の時代。

2　性能向上の時代

　一応商品の量が満たされつつあり、複数の企業間で商品の数値的性能の競争が始まる時代。

3　機能拡大時代

　性能競争が一段落するとさまざまの機能開発が盛んになり、ひとつの商品でさまざまなシーンに対応するための多機能商品が現れてくる時代。

4　新用途時代

　ひとつの商品ですべての欲求をまかなう時代が終わると、同じ商品群からそれぞれの場面に適した機能を持つ専用の商品が現れる。それが価値観の多様化に伴う市場の成熟化と呼ばれるものである。

5　ブランド・文化の時代

　商品の品質・価格・性能・機能が一定の水準で確保され、量的に

くまなく市場が満たされると、生活者は自身の存在を商品の持つブランドの文化性や情報の質に求めるようになる。

　今、あなたが属する産業はどの進化過程にいるだろう？　この進化の図をじっと見て新商品のポジションを考えることが成功の秘訣だ。

　ひとつの産業でも進化の過程が違っているし、また変化のスピードも産業によって違う。たとえば「情報技術の分野」ではドッグイヤーと言われるほど変化の程度が早い。(ドッグイヤーとは、人間と犬の一生を比較すると、犬の1年は人間の7年に相当することから、1年間の変化が、それ以外の世界の7年分にも相当するという意味。たとえば１０年をドッグイヤーで表すと１年半となる。)

　かと思うと数百年ほとんど変わっていない伝統産業もある。

　さらに世界に目を広げるのならば、地域によっても違う。先進諸国と言われている国々と、開発途上国と言われている国々とでは、たとえ同じ産業であっても発展の度合いや人々の価値観は違う。したがって皆さんの会社はどの産業のどの市場を目指しているのかを十分確認しよう。

第1章 ● 商品開発の基礎知識

## 価値観の多様化と商品の進化プロセス

**5 ブランド・文化**
ものづくりに共感・共鳴 この会社が好き！

ファッションブランド
LOUIS VUITTON
CHANEL
GUCCI

日本と世界の **先進企業**

**4 新用途**
私のライフスタイルはこうだ！

**3 機能拡大**
1つであれもこれもできるぞ！

**2 性能向上**
私のは大きくて立派！

**1 充足**
私は持っている！

事例

自家用車 ― マイカー ― 高級車 ― スポーツカー ― ピュアスポーツ／オープンスポーツ／スポーツセダン／ステーションワゴン／ミニバン／クロカン4WD／ピックアップトラック／キャンピングカー
　　　　　　　　　　　セダン
　　　　　　　　　　　バン
一家に一台　　　　　大衆車

真空管ラジオ（固定）― トランジスタラジオ（移動・パーソナル化）― ステレオ化 ― マルチバンド ― 通勤ラジオ／競馬ラジオ／ミニFMラジオ／アウトドアラジオ／防災ラジオ
　　　　　　　　　　　　　　　　　　　　　　高感度化　ラジカセなど複合化

フェラーリ
ポルシェ
メルセデスベンツ
BMW
ホンダ
トヨタ

SONY
Panasonic

市場の拡大

支える力　生産力　　技術力　　マーケティング・デザイン力（情報）

37

# 商品開発バイブルの8つの特徴

　ここで紹介する商品開発手法は、企業の商品開発現場や国をはじめとした全国の地域行政が主催する商品開発担当者養成スクールで実際に使われている手法を、実用に徹したマニュアルにしたものです。
　本書を商品開発プロジェクト推進の案内役として活用していただくことはもちろん、ワークシートはそのままあなたの企業の商品開発企画書や資料として活用することができます。これは自立した強い企業づくりを目指す中小メーカーを商品開発で実現するバイブルになります。

## 1　12ブロックの開発ワークを手順通り消化するとヒット商品が完成

　3要素（ヒト・モノ・バ）×4ステップ＝12ブロックのワークを、解説に従い消化すると魅力的なオリジナリティー溢れる商品が完成します。企業環境分析からデザインや市場導入計画まで商品開発のすべてを一貫して解説するマニュアルです。

## 2　CD-ROMのワークシートをパソコン入力して企画書をつくる

　わかりやすい実施手順に従い、CD-ROMのワークシートに必要項目を埋めるだけで、間違いのない商品開発が進められるため、開発経験がまったくない人でも確実に成果を得ることができます。

## 3　バーチャルプロジェクトのワークシートサンプルで即時に理解

　実施手順をさらにわかりやすくするために仮想企業を設定し、そこで具体的な商品開発をシミュレーションしています。ワークシートサンプルが商品開発の陥りやすいポイントや、効果的な攻め方をあらかじめ教えてくれるため、経験者のように開発を進められます。

## 4　偏りのないマーケットインの商品開発ができる

　プログラムは、ヒト（顧客）モノ（商品）バ（流通）の商品開発にとって欠かすことのできない開発の３要素を、同時並行的に進めるようになっているため、自己満足に陥ることなく顧客満足の高いマーケットインの商品開発が展開できます。

## 5　自社都合に合わせて必要な段階からスタートできる

　プロセスは自社分析からマーケティング、そして実際の商品設計など、経営レベルから開発レベルまでの４ステップで構成しているため、開発の進捗に合わせ必要なステップから入ることができ、効率のよい商品開発が進められます。

## 6　自社開発プロジェクトの手引き書（バイブル）として力を発揮

　経営、マーケティング、企画、デザイン、マーチャンダイジングのいずれにも偏らず、それらすべての考え方を一貫した商品開発手法として体系的にまとめた本書は、あなたと企業の商品開発コンサルタントになります。

## 7　開発指向の創造的な企業体制づくりのガイドブックになる

　グループワークで行う商品開発手法のほか、手法の効果を最大限に発揮させる組織マネージメントについても解説しているため、組織間の壁を取り除いた商品開発の協力体制づくりができます。

## 8　ワークシートはそのままプレゼンテーション資料として活用できる

　ワークシートは経営環境分析から市場導入段階まで、商品開発の全プロセスにわたって用意されています。自社の課題と解決案を記載したワークシートは、そのまま商品企画書のプレゼンテーション資料として活用できます。

## 商品開発バイブルの使い方

**1 一通り本書を読んで商品開発の全体像を把握する**
この本は、特別に商品開発の専門的知識や経験がなくても理解ができるようにやさしく簡潔に書かれています。このバイブルの効果を100％引き出すためには、商品開発担当者から経営者にいたるまで、商品開発の基本を理解することから始めてください。

**2 自社の商品開発の目的と得たい成果を確認する**
この商品開発プログラムは、ヒト・モノ・バ・の3要素×4ステップ＝12ブロックの作業を消化するだけで売れる商品が手に入るようにシステム化されています。自社の開発実態に即して、必要と思われるブロックから開発をスタートしてください。

**3 実施手順を理解する**
12ブロックそれぞれのワークには実施手順が用意されていますから、本書を開発プロジェクトコンサルタントとして位置づけ、それに従い開発を進めてください。

**4 開発シミュレーションを参考に開発を進める**
仮想企業の開発プロジェクトは、実際の開発を実践する形で陥りやすい間違いや、開発の重要ポイントをシミュレーションしています。実際にプロジェクトを運用する場合のサンプルとして活用してください。

**5 開発成果をワークシートに記入する**
開発成果をパソコンでCD-ROMのワークシートに入力して、商品開発を推進してください。

第1章 ● 商品開発の基礎知識

# CD-ROMの使い方

■ 添付ファイルについて

　この書籍には皆さんがすぐに開発成果を得ることができるようにPowerPointファイル「商品開発ワークシート.ppt」が添付されています。

　PowerPointにしたのは次の理由からです。
(1) PowerPointをベースに、WordやExcelなどが簡単に挿入可能である。
(2) シートを一覧で見ることができる。
(3) このシートを全て埋めることにより商品企画の段階ごとのプレゼンテーション資料とすることができる。
(4) シートの入れ替えが簡単である。
(5) 自分で作成したいと思った場合もすぐに挿入できる。

■ ファイルの内容について

(1) 各ブロックごとにシートがついています。例外はブロック9と11です。
(2) ブロック9はマインドマッピングですから特にシートは必要なく白紙を用意していただければ可能です。
(3) ブロック11は、商品設計でここで使用されるのは設計図ですから特にシートは不要です。
(4) 各ブロックごとのシート内容はCD-ROMに中の「はじめに」を参照してください。ブロックによってはまとめのシートがついています。

# 第2章

# 自社の強みを活かした開発を始めよう

**商品開発プロセスSTEP-1**
## 企業環境分析段階

　さあ、ここからいよいよお待ちかねの商品開発実践編に入ります。
　この章では、あなたの企業がこのバイブルで確実に成功する商品開発を実践していただくために、ある仮想企業の商品開発プロジェクトチームを編成しました。そのプロジェクトが、あなたの企業に成り代わってまず具体的開発テーマをシミュレーションしながらワークシートのサンプルをつくっていきます。
　あなたはそれを商品開発を依頼したクライアントのような気分で見てください。後はその仕事ぶりを参考にして、肩の力を抜き実際の開発テーマを設定し実践してみてください。きっとうまくいきます。
　ただし、ステップ1は経営環境の現状分析から入ります。商品開発は企業の総合力を発揮する仕事です。ぜひ経営者も一緒になり力を合わせ、皆さんの知恵を出し合いチャレンジしてください。それが成功への近道です。

【目　的】
ヒト・モノ・バの3要素を起点に社会環境の分析と産業界における自社の
ポジションを探り開発の大方針を設定しよう

【活　動】
ブロック　1・社会環境分析
　　ヒト　生活者自身と生活者を取り巻く環境を分析してトレンドを探ろう
ブロック　2・社内環境分析
　　モノ　自社の商品力・価格力・販売力・技術力・開発力・生産力・人材・
　　　　　情報力について棚卸を行いコア・コンピタンスを明確にしよう
ブロック　3・市場環境分析
　　バ　　自社や開発テーマに関わる市場・業界の分析を行い、事業ドメイ
　　　　　ンに与える影響を明確にしよう

【成　果】
社会環境分析表、社内環境分析表、市場環境分析表、開発テーマの設定

| | ヒト（顧客） | モノ（企業・製品） | バ（市場） |
|---|---|---|---|
| **STEP-1**<br>企業環境分析段階 | ブロック 1<br>社会環境分析 | ブロック 2<br>社内環境分析 | ブロック 3<br>業界・市場環境分析 |
| | 自社の強みを活かした大まかな開発方向の決定・評価 | | |
| **STEP-2**<br>商品開発計画段階 | ブロック 4<br>生活者（顧客）<br>ニーズの把握 | ブロック 5<br>自社シーズの<br>応用と展開 | ブロック 6<br>市場での<br>ニーズ確認 |
| | 新しい需要を創る商品開発計画の決定・評価 | | |
| **STEP-3**<br>商品企画段階 | ブロック 7<br>顧客の立場からの<br>アイデア展開 | ブロック 8<br>製品機能からの<br>アイデア展開 | ブロック 9<br>売場要素からの<br>アイデア展開 |
| | 売れる商品企画案と事業企画案の決定・評価 | | |
| **STEP-4**<br>開発段階 | ブロック 10<br>商品デザイン | ブロック 11<br>商品設計 | ブロック 12<br>市場導入計画 |

# ＜プロローグ＞
# 売り上げ降下の淵から

### バーチャルプロジェクト「創造生活21」の結成

　日用品部門の商品企画会議から戻った明日香社長は、モニターに映し出される販売実績グラフを見て大きなため息をついた。
　今日提案された企画案も新鮮みがなく、ただの数字合わせにしか見えない。わが社の商品は品質がいいのだが……。
　本当に顧客の心をキャッチした商品開発をしないと、先代が築いたアスカブランドが消えてしまう。

　これからいよいよ新商品の開発に入ることになるが、その前に自社の現状をしっかり分析してみよう。
　あなたの会社はいつでも商品開発をスタートできる状態になっているだろうか？　＜ヒット！＞商品の開発には開発の基盤整備が絶対欠かせない。その基盤整備は企業の歴史的風土や経営者の考え方によって違ってくるが、いずれにしても明確な目標を持った開発プロジェクトを立ち上げて実行する方法が最も効果的だ。
　さっそくここで仮想企業の開発プロジェクトを立ち上げて開発をシミュレーションしてみよう。このバーチャルプロジェクトの設立経緯を参考にして、自社の事情に最も相応しい開発の基盤整備を実行して欲しい。

第 2 章 ● 自社の強みを活かした開発を始めよう

## ＜企業データ＞

| ステートメント | 技術と品質のアスカ |
|---|---|
| 会社名 | 明日香樹脂株式会社 |

| 企業理念 | 私たちは、高い技術と品質でお客様の生活向上と産業の発展に貢献します。 |
|---|---|
| 企業概要 | 当社は昭和 35 年、合成樹脂の射出成形品を製造するメーカーとして設立され、現在は家庭用日用品を主力として製造しています。その製品はアスカブランドの名のもと全国のホームセンターを通じ販売され、広く消費者の生活向上に貢献しています。近年では、一部エンジニアリングプラスチックを素材としたコンピューター、OA 機器の筐体部品などオフィス機器の分野に進出を行い、総合プラスチック加工メーカーとして幅広い分野で活動を行っています。 |

| 技術・流通 | 既存技術 | 日用品の企画開発 KNOW HOW（デザインは一部外注）<br>射出成型、印刷、溶接、カシメ、アウトサート加工等<br>コピー機ソーター等のアッセンブリーライン |
|---|---|---|
|  | 流　通 | 日用品はアスカブランドでホームセンターを通じ販売<br>事務用品は事務機器メーカー、オフィスサプライ業等に OEM 供給。<br>OA 機器パーツメーカーの下請け |

| 事業戦略 | 主力製品である一般家庭日用品は海外からの低価格製品の流入、消費の低迷を反映した業界の無秩序な価格競争により、急速な利益率の低迷を招いています。しかし幸いにしてオフィスサプライ又は大手流通業のOEM製品（日用品）の売上は順調に推移し、加えて OA 機器受注も比較的堅調です。そこで、次世代の主力商品を得るために、当社の持つシーズを生かしながら、生活日用品部門に対し有効な商品提案を行うことになりました。 |
|---|---|

| 企業データ | 主要製品 | プラスチック生活用日用品、事務用品、OA 機器 |
|---|---|---|
|  | 主要設備 | 射出成形機 16 台、真空成形機 2 台、シルク印刷機、ブロー成形 |
|  | 従業員数 | 80 名 |
|  | 資本金額 | 3,000 万 |
|  | 年間売上高 | 31 億円 |

## 1 シミュレーション

　明日香樹脂（株）は、1960年、プラスチックの生活日用品製造販売会社として設立され現在に至っている。その商品は「アスカ」の商標で親しまれ、派手さはないがしっかりした品質の商品を製造する技術主導型企業としての定評を得ていた。

　しかし近年、低価格の海外製品流入と100円ショップの台頭、またデザインやアイデアを前面に押し出した新興企業に圧迫され売上の減少を招いている。

　現在は精密射出成型技術を活かした情報機器関連部品の売上拡大で、何とか生活日用品部門の売上減少を補い、全体としては比較的堅調な業績を維持しているものの、将来性に関しては予断を許さない状況であった。

## 2　2001年6月10日明日香樹脂（株）に「創造生活21」発足

　2000年社長交代を契機に2代目新社長は、創業以来の事業である生活日用品の分野を、「21世紀の新しい生活を創造する部門」と位置づけ、新世紀に相応しい「楽しくワクワクする生活の創造を応援する」ことを事業コンセプトに据え、積極的な商品開発を展開することとなった。

　これは、新しい生活を提案する付加価値の高い商品を市場投入することによって、独自のポジションを築き、海外や競合他社との価格競争マーケットから離脱することも狙いであった。

　さらにこの背景には、技術主導によるプロダクトアウト型の古い企業体質から、顧客の欲求をベースに迅速な商品化を行うマーケットイン型企業体質に転換させる狙いもあった。

　かねてから取引関係にあったマーケティングと商品開発のコンサルタントに相談したところ、全社横断的な商品開発プロジェクト活動を実践する中で、売れる商品を生み出しながら企業体質を改革すべきだとのアドバイスを受けた。

　新社長はその後コンサルタントと相談しながら、明日香樹脂（株）の創立記念日に合わせ、新生アスカを目指した2001年6月10日に新商品開発

のプロジェクト「創造生活21」計画を発表した。

このプロジェクトは大きく3点の目標を掲げ、直ちにスタートすることとなった。

---

**1　際限のない価格競争に巻き込まれない新商品づくり**

市場提案型の商品開発により、他社との価格競争を避ける独自の市場ポジショニングを構築し、新しい需要を創出する。

**2　創造的な商品を生み出す商品開発手法の獲得**

楽しくワクワクする生活の実現のための、新商品開発のノウハウ獲得と開発の手法を構築する。

**3　商品開発プロ集団育成と全社的商品開発組織づくり**

全組織に開発のプロを育成することで、従来の縦割り組織から顧客ニーズを最短で実現する横断的商品開発組織を築く。

---

## 3　プロジェクトの編成

プロジェクトは新社長がリーダーとなり、各組織から代表6名を選出し合計8名のプロジェクトを編成した。参加したメンバーは、技術、営業、製造、総務の女性も加わり全社横断的な組織となった。

プロジェクトメンバーの選出にあたっては、本人の性格と相互の相性など配慮し、共同作業での相乗的効果を発揮する人選を心がけた。またプロジェクトの目的達成と共に、各自のキャリアアップのために、このプロジェクトで解決すべき個人の課題なども明確にして、楽しみながら自己改革を行うこととした。これは新社長兼リーダーも決して例外ではなかった。

この計画には創業以来、先代社長と苦楽を分かち合ってきた役員や、プロジェクトに部下を送り出す所属長から多少の抵抗があったが、明日香樹

## プロジェクト「創造生活21」の目標

**目標1**
際限のない価格競争に巻き込まれない新商品づくり

**目標2**
創造的な商品を生み出す商品開発手法の獲得

**目標3**
商品開発のプロ集団育成と全社的商品開発組織づくり

脂（株）が21世紀に勝ち残るために、全社横断的な開発体制を築くことが必須条件である。そのためにもこのプロジェクトが必要であることを粘り強く説いた結果、やがて経営者に理解を示すこととなった。

## 4　開発のスタート

2001年7月1日、翌年6月商品の市場導入を目指して「創造生活21」がスタートした。

プロジェクトのスタートに際し、プロジェクトメンバーと役員並びに所属長を交えキックオフミーティングが実施された。そこでは、下記の3点について徹底した理解を求めることとなった。

### (1) プロジェクトの目的を理解

「売上か教育か」などという質問が出ないようにプロジェクトの目的を明確にし、それを明文化するなど納得するまで徹底説明を行った。

### (2) メンバーの勤務体制の説明並びに協力の依頼

プロジェクトは企画が主担当の榊原・佐藤2人を専任とし、そのほかのメンバーは業務の都合もあり兼任とした。兼任者は日常業務を消化するために、ほかの社員に助けを借りなければならない場合が予想される。あらかじめ協力体制を要請した。

### (3) プロジェクト開発計画の明確化

大まかな開発投資効果並びに開発スケジュールを明確にした概略計画書を作成することで、プロジェクトの具体的目標を設定した。同時に役員や所属長の理解を求めた。

プロジェクトは時間と共に、とかく組織の中で疑問視されることが多くなる。コンサルタントからそうアドバイスを受けたリーダーは、そのようなことを防止するためにも、目的と成果を明確にして、協力体制を築いておくことに細心の注意を払った。

## 5　役員をプロジェクトに巻き込む

旧来の組織の中で新しい試みを実践し、企業の文化を変えることほど困

## 「創造生活21」プロジェクトメンバー

**明日香　一郎**
（リーダー）
代表取締役　44歳
2代目社長。理論派で新しい知識の吸収には貪欲だが、実行力はこれから試される。明日香のプリンスから名実共にボスとなれ！

**榊原　良一**
（サブリーダー）
商品企画　42歳
新設した商品企画チームの初代責任者。明日香のトップエンジニアから、右脳的な発想力を磨き創造集団の実務リーダーとなれ！

**佐藤　真理子**
（企画）
商品企画　28歳
営業職から大抜擢。明日香初の女性総合職。持ち前の戦略指向と柔らかな発想力でプロジェクトに刺激を与え活性化を！

## 「創造生活21」サポートチーム

**山田　健太郎**
（マーケティング）
コンサルタント　45歳
中堅飲料メーカー出身の中小企業診断士として幅広く活動。明日香樹脂のＩＳＯ認証取得支援がきっかけで、プロジェクトのコンサルティングを行う。

## 第2章 ● 自社の強みを活かした開発を始めよう

**田中 守**
(調査)
営業課長 38歳
明日香一番の熱血漢で交渉力は抜群だが時々暴走する。勘の鋭さに論理性を加えて次世代の明日香の要となれ！

**山崎 進**
(企画)
製造 29歳
黙々と仕事をこなす実務派。誰からも好かれる爽やかな性格はプロジェクトの要。センスの良さを外に出し新しい世界に挑戦せよ！

**脇屋 仁美**
(記録・庶務)
総務 24歳
気遣いのある優しい性格は明日香のシンボル的存在。プロジェクトの刺激を受けて新しい潜在能力を引き出してみよう！

**高嶋 雅夫**
(企画デザイン)
コンサルタント 50歳
自動車メーカーのデザイン部門より転身。現在はメーカーの商品開発コンサルタント活動中。明日香樹脂の商品デザインがきっかけでプロジェクトのコンサルティングを行う。

難を伴うことはない。プロジェクトのメンバーは日々新しいことにチャレンジすることで知識欲求を満たされるが、成功体験を過去に持つ役員は疎外感を感じたり、メンバーをプロジェクトに送り込む所属長は、売上目標達成のためにメンバーにプレッシャーをかけることが予想される。

　そこで社長は、役員を中心メンバーに据えた「開発評価会」を構成することとした。これはヒット商品開発を実現するために顧客満足を目指す「顧客の価値観での評価」と企業利益獲得を目指す「市場価値の評価」が欠かせないこと。そして全社が一丸となって商品開発を実践する企業体づくりを目指す新社長の深い考えがあったからだ。

## 6　商品開発セミナーの実施

　ここで実際に活用される商品開発プログラムは、プロジェクトのサポートを行うコンサルタントが提唱する手法で、ヒト・モノ・バの3要素を起点に、4ステップの行程により12ブロックのワークを消化することで顧客の望む商品を開発しようというものだ。

　この手法はシステマティックでわかりやすく、多くの企業をはじめ国や地域行政が主催する商品開発担当者育成の研究で広く活用されている。

　実際の活動に先立って、プロジェクトメンバーはもとより、役員や幹部社員も交え、開発の成功事例から成功要因を探ることや、基礎的な商品開発の進め方についての研修を受けることとなった。

　その中で力説された点は、商品開発は全社が一丸となって行う仕事であることと、そのために「プロジェクトメンバーが顧客満足のために品質の優れた商品を開発し、その成果に対して役員が市場の価値観で開発を評価する」という点だ。プロジェクトメンバーはこれから先、待ち受けている知的好奇心を満たす業務に期待を寄せている様子であった。

　商品開発の成功が、正しい開発評価にかかっていることをコンサルタントから説明された評価担当の役員たちは、役員会議でも見せたことがない緊張した面もちでメモを走らせていた。その横顔を見た明日香社長は、何年か後に振り返ってみると、この日が会社の文化の変わる最初の出来事に

なるかもしれないと予感していた。

　この商品開発プロセスは、仮想企業体・明日香樹脂（株）プロジェクト「創造生活21」メンバー6人を主人公に、商品開発コンサルタント2名をサポーターに加え、8人のメンバーが「ガーデニング商品」の開発を展開するストーリーで進められる。この開発シミュレーションは、さまざまな経験を持つ著者が実際の経験を基に構成したフィクションである。

## STEP-1の内容と狙い

　STEP-1では、まず企業や生活者（ヒト）をとりまく環境や、社内環境（モノ）、業界・市場環境（バ）を分析するところから始める。これにより大まかな商品開発の方向性を見出すのが狙いである。必要な情報が不足していたら収集しよう。ステップの成果として商品開発のテーマ設定を作成する。

　ブロック1（ヒト）では、生活者や企業をとりまくマクロな環境を分析する。過去10年以上のヒット商品の情報を収集したり、さまざまな切り口からキーワードを抽出して今後2～3年のマクロトレンドを自分たちなりに予測しよう。

　ブロック2（モノ）では、自分の社内環境の分析を行う。過去5年間の売上高（全体、主要商品）や市場でのシェア、自社のシーズの点検を通じて強み・弱みを明らかにして、自社のシナジー（相乗効果）を活かせる開発の方向性を考えよう。

　ブロック3（バ）では、業界・市場の分析を行う。市場規模の5年間の推移、競合企業の分析、業界の流通構造や伸びている業態などを探って、差別化しながら自社はどのような分野で開発するべきかを考えよう。

　このステップでは以上のように、ヒト（社会環境分析）、モノ（社内環境分析）、バ（業界・市場分析）の3つの分析をすることを通じて、商品開発をする大まかな方向性、大きなテーマの設定をすると共に、豊富な情報のバックボーンを得ることが仕事である。

第 2 章 ● 自社の強みを活かした開発を始めよう

STEP-1
ブロック
# 1 ヒト 社会環境分析

　ヒット商品を開発する第一歩は、生活者自身と生活者を取り巻く社会環境を分析して、メガトレンド（動向）を捉えることから始まる。世の中のヒット商品は、生活者の根底を流れるトレンドをうまくつかんで、自社の経営資源とマッチさせて開発することから生まれる。なぜ社会環境分析をするのか。それには3つの側面がある。

## 社会環境分析を行う3つの狙い

　第1の側面は、新商品を投入する際に世の中の流れに乗っていた方がヒットする確率が高いということである。投入する時期に技術や社会・文化的要素がどのように変化しているのか、その時のターゲットがどのような価値観を持っていて、何に興味があると感じていそうなのかを予測することは十分意味があることである。どのような方法と要素で分析をしたらよいかは後程述べよう。

　第2の側面として、新商品開発のためにアイデア発想をする段階において発想をするのには、豊富な情報のバックボーンが必要だからである。自分が所属している業界、市場だけから発想していたのではなかなかヒットしない。ひどくなると業界でヒットしているものを真似してればよいということにもなってしまう。もっと広い世の中の流れをつかんで発想することが求められる。この社会環境を分析する過程で情報を収集することにより豊富な情報が蓄積されるはずである。

　第3の側面は、大きな流れは繰り返されるということである。もちろん過去と全く同じようには繰り返されないが、似たような傾向に揺り戻しがある。たとえばモダンなデザインで無機質なものの時代がずっと続けば、だんだん人は飽きてきて、その前のハイタッチな有機的なデザインのものを求めるようになるとかである。

では、分析はどのようにしたらよいか次に見てみよう。

## 手順を過去のヒット商品からトレンドを探る
**実施手順＜図1-1を使用＞**
### 手順1：過去のヒット商品情報を収集する
　過去10年間程度のヒット商品の情報を収集する。これは自分の業界のみならず、他の業界のものも含めて並べる。参考にするのは、毎年年末に発表される各新聞・雑誌の特集などを集めておくのがよいだろう。

　日経流通新聞のヒット商品番付、日経トレンディ、ダイム、週刊ダイヤモンド、東洋経済そのほか、経済誌、新聞社、あるいは広告代理店やシンクタンクが発表するものなどである。もちろん自分自身でつくってみてもよい。

　ただしこの場合、自分の関心のないことや体験したことのないものは漏れやすいので注意する。「テレビゲームなんて知らないよ」とか、「おもちゃは買ったことがない」とか、「婦人服のことなんて俺は知らない」なんて言わずになるべく万遍なく集めよう。

### 手順2：ヒット商品を年代順に並べる
　次に過去から現在まで年代別に並べる。

　あまり多いとわからなくなるので、上位3つぐらいにしよう。あるいはなるべく自社の業界に近いものを選んでもよい。

### 手順3：年代別にキーワードを抽出する
　さて、それらのヒット商品を年別に眺めながら何かキーワードが浮かばないか考えてみる。最近ならば「IT関連のものが多い」とか、「ロボットが多い」とかである。

### 手順4：根底に流れている長期的なトレンドを探る
　でもそこで終わったらおもしろくない。商品開発を目指すのならば、さらにその根底に流れているものは何かを探らなければならない。

　「携帯電話がこれだけ普及するのはなぜだろう？」「実は人はもっともっとつながっていたいのではないか？」「でも面と向かってはうまく言

第2章 ● 自社の強みを活かした開発を始めよう

図1-1

CD-ROM スライド番号 1

# 社会環境分析表1の作成手順

**手順1：過去のヒット商品情報を収集する**

- 日経流通新聞『ヒット商品番付』
- トレンド雑誌
  - 日経トレンディ
  - DIME
  - 週刊ダイヤモンド
- 広告代理店発表
- シンクタンク発表

**手順2：ヒット商品を年代順に並べる**

上位3つまで
関連しそうなもののみではなく、
他の業界のものも

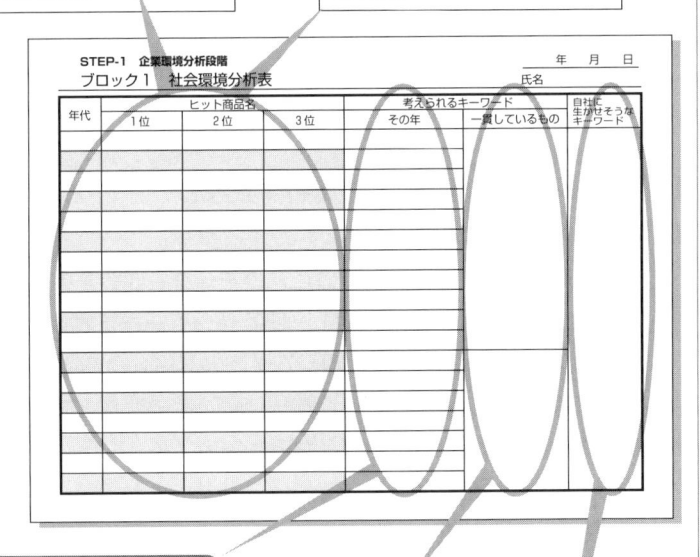

STEP-1　企業環境分析段階
ブロック1　社会環境分析表　　　　　　　　　　　氏名　　　　年　月　日

| 年代 | ヒット商品名 | | | 考えられるキーワード | | 自社に生かせそうなキーワード |
|---|---|---|---|---|---|---|
| | 1位 | 2位 | 3位 | その年 | 一貫しているもの | |

**手順3：年代別にキーワードを抽出する**

ヒットした要因、共通項
などを見つけ出す

**手順4：根底に流れているトレンドを探る**

その年代の消費傾向、社会、文化、
価値観などを考える

**手順5：自社に生かせそうなキーワードを出す**

自分の会社、業界に翻って考えてみる

えなかったりするから、画面を通じて交信しているのではないか？」などである。

　「ロボット型の玩具が普及するのは、住居事情や家庭環境の問題があり生きているモノは飼えないけれど癒しを求めているからではないか」とかである。

　それらのキーワードを思いついたら、図の「一貫しているもの」欄にどんどん書いていく。

### 手順5：自社に生かせそうなキーワードを出す

　ここまで終わったら、自社に関係ありそうなものを考えてキーワードを出していく。

　この段階で「あっ！　こういう商品を開発したらおもしろいなあ」と気がついたらそれもメモしておこう。

## 社会環境をさまざまな切り口で分析する方法

**実施手順＜図1-3を使用＞**

### 手順1：社会環境に関連する切り口ごとのデータを収集する

　右ページの図の通り社会環境と一口で言ってもさまざまな切り口がある。ここでは一通りそれぞれの項目で最近のトピックスを集めて欲しい。ここでの着目点は、「社会動向」であれば法律の改正、規制緩和、国家予算、地方自治体予算などがどうなるかを考える。

　「経済動向」であれば為替変動、経済成長率、株価、不良債権処理、金融機関の状況、消費支出がどうかを考える。

　「産業構造」であれば、最近の産業全般での構造を変えそうな要素や話題になっていることを考えてみる。

　「環境意識」は最近の地球環境変化に対してどのような意識が高まっていくのかを考える。

　「生活者意識」は自分を含めてどのような意識で生活しているのか、より深いところで流れているのは何かを考えよう。

　「消費動向」は先程のヒット商品の分析から得られた傾向や、消費の

第 2 章 ● 自社の強みを活かした開発を始めよう

図1-2

## マクロ環境・市場・自社の関係

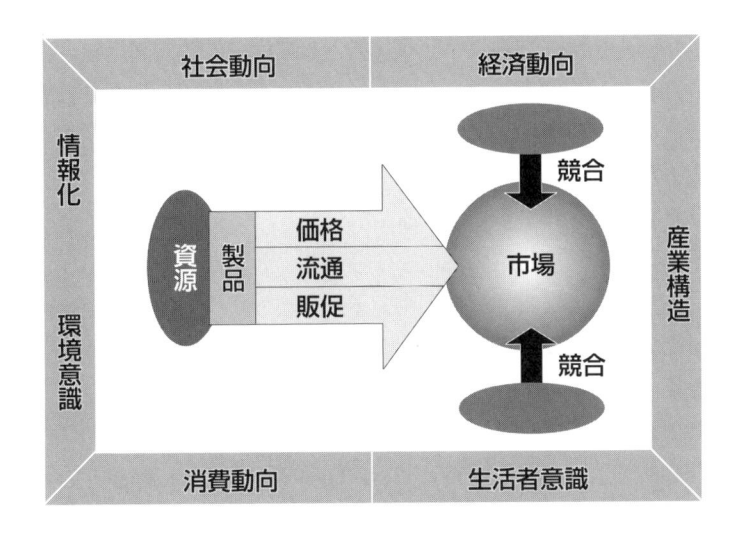

- 社会動向
- 経済動向
- 情報化
- 環境意識
- 産業構造
- 消費動向
- 生活者意識

資源 → 製品（価格／流通／販促）→ 市場

競合

政府刊行物
雑誌の特集モノ
新　聞
（年末年始の特集など）
トレンド予測本

1. 社会環境に関連する切り口ごとのデータを収集する
2. 今後2～3年の予測をする
3. 自社・テーマに影響を与えるキーワードを抽出する
4. どのように影響が出るのかを考える

中で話題になってみるのをあげてみよう。「情報化」は生活や企業、地域における情報機器の進化、普及やそれらを活用した活動などについて考えてみよう。

これらは一般に言われていることでもよいし、わからなかったり思いつかなかったら調べてみよう。調べ方としては、**①政府刊行物**（白書類など）からのピックアップ（最近では主要なものはＷＥＢ上に公開されている）、**②最近のトレンド本**、**③雑誌の特集もの**、**④新聞**、**⑤インターネット**などがある。そしてどんどん多く書き出してみる。

**手順2：今後2～3年の予測をする**

それらが一通り出し終わったら、今後2～3年でどうなるのか予測する。もちろん調べた本や記事の中で予測が述べられていたら、それらを吟味して（自分なりに考えて）書いてもよい。ただし鵜呑みはいけない。

たとえばバブル前の経済エコノミストの予測は当たっていない人が多かった。世の中成長している時は楽観的な予測になり、マイナス成長の時は悲観的な予測になりがちである。偏らないのは難しいが、なるべく確実に起こると考えられる予測をしよう。

あるいは、過去に未来の予測がよく当たっている人の意見を参考にしてもよい。トフラーなどは今日の情報化の予測をかなり前の段階から『第3の波』で予言している。

**手順3：自社・テーマに影響を与えるキーワードを抽出する**

そこまで終わったらちょっと眺めてみよう。そして自社やテーマに影響が出そうなものを考えて抽出してみる。

**手順4：どのように影響が出るのかを考える**

自社あるいはテーマに影響を与えそうなキーワードが見つかったら、それがどのように影響が出そうかを考えて記述する。

この2つの表がしっかり埋まったらきっとあなたの情報バックボーンは豊富になるであろう。

第2章 ● 自社の強みを活かした開発を始めよう

図1-3

CD-ROM スライド番号 ②

## 社会環境分析表2の作成手順

**手順1**：社会環境に関連する切り口ごとのデータを収集する

「社会動向」、「経済動向」など各項目でトレンドと思われる項目をキーワードで出す

STEP-1　企業環境分析段階
ブロック1　社会環境分析表2
年　月　日
氏名

| | トレンド | 今後の予測 | 自社テーマに与える影響 |
|---|---|---|---|
| 社会動向 | | | |
| 経済動向 | | | |
| 産業構造 | | | |
| 環境意識 | | | |
| 生活者意識 | | | |
| 消費動向 | | | |
| 情報化 | | | |

**手順2**：今後2～3年の予測をする

ある程度出たら、各項目で今後2～3年間の予測を出す

**手順3**：自社・テーマに影響を与えるキーワードを抽出する

左のトレンドを踏まえて自社、あるいは開発のテーマに影響が出そうな項目を抽出する

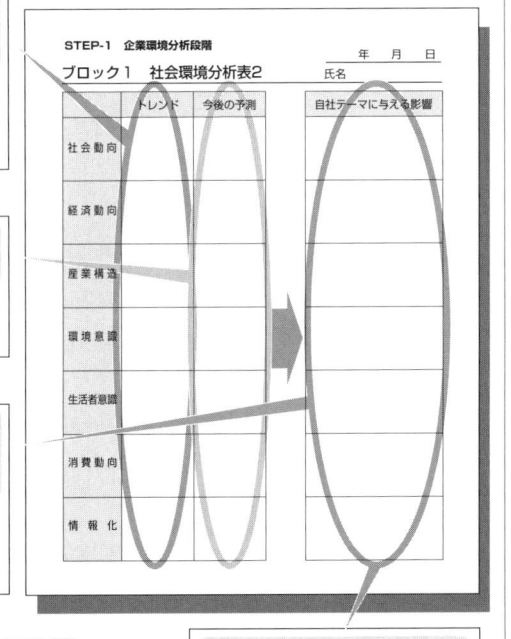

**手順4**：どのように影響が出るのかを考える

キーワードから自社に与える影響を考える

日頃から、情報を収集しておくこと（図書館、政府刊行物センターの利用）
インターネットで検索するノウハウを身に付けること
メールマガジンで役に立つ情報を紹介しているものもある

政府刊行物（白書類）

新聞（年末年始、3～4月、9～10月）

雑誌（年末年始、3～4月、9～10月）

業界誌、専門誌

### シミュレーション

榊原サブリーダー:「先生。どこから手をつけたらよいでしょうか」

山田コンサルタント:「まず、ヒット商品を10年くらい洗うことから始めましょうか」

と提言。各メンバーは手分けして、さまざまな本や雑誌、過去の新聞、そしてインターネットで検索したりして、過去のヒット商品の洗出しをした。そして、上位3つ程度を年代別に並べる年表をつくった。

榊原サブリーダー:「できました。いろいろ調べてみましたがこんな感じでよいですか?」

と、皆の成果を披露した。

山田コンサルタント:「いいでしょう。それではそこから思い浮かぶキーワードを皆さんで協力してどんどん出してみましょう。注意しなければならないのは、1991年からのバブル景気崩壊以降と以前でガラっと変っているので、大きく2つに分けて考えましょう」

各メンバーはヒット商品年表を眺めながら思いつくキーワードを各自ポストイットに1件1枚で書いた。その後、皆で論議してキーワードの取捨選択をした。

榊原サブリーダー:「こんなキーワードが出てきました」

山田コンサルタント:「よくできましたね。今度は自社に活かせそうな観点で出してみましょう。生活日用品関連の観点で考えましょう」

山崎:「そうですね。やはり最近の傾向ですと『癒し』『自然志向』『簡便性』『バリュー(価値)商品』なんてどうですか」

この後、皆でいろいろと出し合って一通り出尽くしたところを見計らって、山田コンサルタントが再び口を開いた。

山田コンサルタント:「もっとほかにもありそうですが、ひとまずこれで終えて、次のステップにいきましょう。次はもう少し視点を広げてやりましょう。まずこのシートの各項目を出してみましょう」

脇屋:「どうやって出すのですか?」

山田コンサルタント:「とりあえず昨年から1昨年くらいの10大ニュー

第2章 ●自社の強みを活かした開発を始めよう

図1-4

## 社会環境分析表1（例）

| 年代 | ヒット商品名 1位 | 2位 | 3位 | 考えられるキーワード その年 | 一貫しているもの | 自社に生かせそうなキーワード |
|---|---|---|---|---|---|---|
| 2000 | iモード | 半額バーガー | プレステ2 | 生活防衛、IT元年 | 安くてパフォーマンスが高い | バリュー商品 |
| 1999 | エゴイスト | ユニクロ | ヴィーナスフォート | 生活防衛、新業態 | 生活を楽しみたい | 自己表現 |
| 1998 | 100円ショップ | キャミソール | 安いけどビックリ | 健康、自然食 | | 家・都市で楽しむ |
| 1997 | たまごっち | ポケモン | 厚底サンダル | 電子ペットがはやる | 内食 | 自然 |
| 1996 | キャナルシティ | タイムズスクエア | お台場 | 楽しい場所、店舗形態の多様化 | | 癒し |
| 1995 | ウィンドウズ95 | 小室哲哉 | スノーボード | 便利、音楽マーケット成長 | 癒し | 様態に着目 |
| 1994 | 290円ワイン | 定期借地権付住宅 | 低価格コーラ | バリュー商品 | 簡便性 | |
| 1993 | セーラームーン | ジュリアナ東京 | 形状記憶シャツ | 目立ちたい、便利 | | |
| 1992 | もつなべ | トイザらス | Jリーグ | 健康によい、外食、自己責任 | 情報技術の進化 | |
| 1991 | ナニワ金融道 | 値通衣料品 | 馬券連続馬券 | バブル崩壊、生活防衛 | | |
| 1990 | 花博 | ちびまるこちゃん | ファジー家電 | テーマパーク、便利 | | |
| 1989 | カラオケボックス | イタリアンファッション | ティアラニー | 目立ちたい、高額商品 | | |
| 1988 | 輸入牛肉 | 東京ドーム | リゾートマンション | 高額サービス、エンターテイメント | 高額商品、高額サービス | |
| 1987 | フィットネスクラブ | 通勤快足 | 洗髪化粧台 | 高額サービス、健康 | 永遠に右肩成長と信じた | |
| 1986 | DCブランド | 150円コーヒー | ビックリマンチョコ | 高級品 | 情報技術の進化 | 健康、自然食 |
| 1985 | ファミコン | つかしん | 温泉ブーム | 家庭でテレビゲーム | | 癒し |
| 1984 | しょうちゅう | ゴルフ宅急便 | CATS | 便利、音楽マーケット成長 | 癒し | エンターテイメント |
| 1983 | TDL | VTR | ビタミンE | テーマパーク | | |

63

スぐらいから当たってみましょう。各新聞社のＷＥＢサイトを見れば大きなものは載っていますよ。もちろんわかっているものはどんどん出していいですよ」

そのほかのメンバー：「なるほど。じゃあ探してみます」

　ここでもメンバー各自が手分けして、過去の10大ニュースなどを調べた。一通り揃ったところを見計らって。

田中：「今度は予測ですね。2〜3年くらいでよいですか？」

山田コンサルタント：「これは専門家ですらなかなか当たらないのですけど、まずは専門家が予測したものを探しましょう。これも新聞や専門誌の特集を見てみたり、やはりＷＥＢサイトで検索するのがよいでしょう。本も結構出ていますが、特定の人に偏るのは危ないので図書館などで広く調べた方がよいかもしれません。後はそれらの意見も参考にしながら自分たちでも予測してみましょう」

榊原サブリーダー：「なんとかできました。次は自分たちのテーマに与える影響ですね」

山田コンサルタント：「そうですね。これは左の項目からあがっているキーワードから取りわけ、着目しなければならないものを抽出します。同じ言葉で書いてもよいのですが、なるべく自分たちのテーマに近い言葉に置き換えてみましょう」

そのほかのメンバー：「わかりました」

　それぞれの立場からさまざまな意見が出たが、最終的に影響が大きそうなものを選んだ。

山田コンサルタント：「やってみてわかったと思いますが、日頃から関心を持っていない分野はなかなか難しいでしょう。開発に携わるものは広く関心を持つことが必要です。政治だって無関心ではいけなくて、密接に関わっていますからね。大事なのは、注意深い観察と『なぜ』という問題意識を持って本質を見抜く力ですね」

そのほかのメンバー：「はい。よくわかりました」

山田コンサルタント：「それでは次のブロックに行きましょう」

第2章 ● 自社の強みを活かした開発を始めよう

図1-5

## STEP-1　企業環境分析段階

年　　月　　日

## ブロック1　社会環境分析表2

氏名

| | トレンド | 今後の予測 | 自社テーマに与える影響 |
|---|---|---|---|
| 社会動向 | 少子高齢化<br>雇用形態の変化<br>パラサイトシングル<br>女性の社会進出<br>政治不信 | 自己中心的傾向は強まる<br>社会的につながりたいという意識は出る | 高齢者層をターゲット<br>人に優しい<br>介護用品・用具の多様化<br>一人暮らしに便利なもの |
| 経済動向 | 不景気<br>金融不安(不良債権)<br>グローバル化<br>価格破壊<br>リストラ | 今後も高度成長はあり得ない<br>ゆるやかな成長<br>グローバル化はさらに進む | 持ち家、マンションの増加<br>都市生活者の増加<br>低価格化<br>賃貸住宅中心<br>バリュー消費（価値が高く安い） |
| 産業構造 | アウトソーシング<br>SOHO<br>派遣社員の増加<br>IT化の進行<br>2極化 | 終身雇用制がさらに崩れ、年報制、能力給は当たり前となる<br>能力がある人は転職、自営となる | 海外製品輸入の増大<br>もの作り意欲の低下<br>技術ノウハウの蓄積が困難<br>ITを活用すべき<br>外の専門の力を借りる |
| 環境意識 | リサイクル法<br>ディーゼル課税<br>エコロジー<br>地球温暖化<br>家庭ごみ処理<br>産業廃棄物処理 | 環境意識は益々高まる<br>自治体も対応が厳しくなる | 環境に配慮した商品開発<br>家庭ごみを利用できないか<br>リサイクルできる商品が選択の基準となる |
| 生活者意識 | 健康志向<br>自然志向<br>快適性の追求<br>簡便性の追求<br>老後の不安 | 地域生活を重視した人々が多くなる<br>健康にはますます関心が高まる | 自然志向に対応した新商品開発<br>健康志向に対応した新商品開発<br>快適性に対応した新商品開発<br>安心感のある使いごこち<br>安全性の配慮 |
| 消費動向 | マイブーム<br>ブランド志向<br>モノよりコト<br>健康・癒し<br>価格の2極化<br>ネット利用 | 生活必需品については益々節約するただし自分の嗜好にあったものにはカネをかけるのは惜しまなくなる | ブランドの確立<br>癒しに対応した新商品開発<br>シンプルな構造のもの<br>生活に潤いを与えるもの<br>生活を楽しくするもの |
| 情報化 | インターネットの普及<br>モバイル<br>デジタル放送<br>個人情報のセキュリティ<br>オンラインショッピング | 消費者の購買がインターネットからの情報入手<br>→最寄のコンビニエンスなどの変化が起こる | 携帯性重視<br>商品情報の発信が不可欠<br>口コミもすぐ伝わる<br>店舗形態変化への対応 |

## STEP-1 ブロック
## 2 モノ 社内環境分析

次のブロックは自分の会社を棚卸ししてみる。ここでの狙いは、自社の現状をあらゆる側面からきちんと把握し、強みと弱みを明確にして、どの方向に伸ばせばよいかを発見することである。

**実施手順＜図2-1を使用＞**

**手順１：全体の売上と製品群別売上推移を把握する**

まず自分の会社全体の売上を時系列に並べてみよう。少なくとも５年間は欲しい。さらに自分の会社の商品を売上の大きいもの順、利益の大きいもの順に並べてみよう。これで売上の８０％を占めているものが上位２０％位になっていることがわかるだろう。（これを発見者にちなんでパレートの法則という。別名ＡＢＣ分析ともいう）

さらにその上位を占めている商品が、何で売れているのかをもう一度改めて考えてみる。主要製品群別の売上推移も合わせて把握しよう。

**手順２：シェアの推移を把握する**

売上の８０％を占めている商品を中心にシェアの推移も把握する。だんだん上昇しているのか、下落しているのか傾向を見る。もし下落しているのであれば、何らかの手を打たなければならない。

**手順３：新製品の状況も把握する**

自分の会社は新製品を毎年どのくらい投入しているであろうか。投入している状況とその結果についても調べてみよう。新製品は売上の中のどのくらい占めているのか、また期待していた数字が上がっているのかどうかである。

**手順４：自社のシーズを点検しよう**

次に、自分の会社のシーズを考えよう。**シーズとは狭義には、技術力などを指すが、ここではもう少し広げて「ヒト」「モノ」「カネ」「技術」**

第2章 ● 自社の強みを活かした開発を始めよう

図2-1

CD-ROM スライド番号 ③

## 社内環境分析表作成手順

- 全体の売上高を5年間分調べる 対前年比を算出する
- 主要製品群の売上高を5年間分調べる
- 主力製品のシェアを調べる。もし2次資料などでなかった場合は、市場規模などを人口、取引先数などから推定して算出する
- 新製品の売上寄与率を調べる。投入した年に売上高にどの程度寄与したかを算出する

STEP-1　企業環境分析段階
ブロック2　社内環境分析表　　年　月　日　氏名

| 売上推移（全体） | | |
|---|---|---|
| 製品群別売上推移 | | |
| シェア推移 | | |
| 新製品状況 | | |

| | | 強み | 弱み |
|---|---|---|---|
| シーズ | ヒト | | |
| | モノ | | |
| | カネ | | |
| | 技術 | | |
| | 情報 | | |

| 開発体制 | |
|---|---|
| メインユーザー | |
| 販売体制販売促進策 | |
| 業態別売上割合 | |
| コア・コンピタンス | 今後の方向性 |
| 必要シーズ | |

- 自社のシーズを強み・弱みの観点で記述する
- 新商品が通常どのように開発されるのかを強み・弱みの観点で記述する
- 自社のメインユーザーを記述する（エンドユーザーを中心に考える）
- 販売組織、通常行っている販売促進策を記述する
- 業態別の売上割合を算出する 業態別にどこに販売しているのか？代理店、卸売業、小売業に分けて算出する（下記例参照）

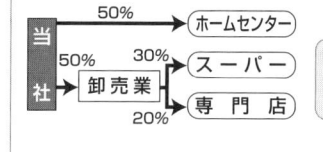

当社 → 50% → ホームセンター
　　　 50% → 卸売業 → 30% → スーパー
　　　　　　　　　　　　20% → 専門店

- 自社のコア・コンピタンス（中核的推進能力）は何かを記述する→本文参照
- 今後の方向性に必要なシーズについて論議して記述する
- ここまで記述したら、一通り眺めて見て、今後の方向性について論議して記述する

67

「情報」など経営資源の観点から眺めてみる。各項目ごとに強みと弱みと両方の側面から見てみよう。

### 手順5：商品開発体制も点検する

また、今までの商品開発の経緯も振り返ってみよう。社長などトップがいつも思いつきで「これがいいから進めよ」と言われて開発をしているのか、競合会社で売れている商品をいつもモノマネしているのか、ほかにない技術を持っていてそれを生かして商品開発しているのか、どのように商品開発をしているのかを洗い出してみよう。推進体制もここに記述する。

### 手順6：主要商品のメインユーザーは誰か

ここからが大事なのだが、市場に導入して誰がメインユーザーとなっているのか、主要商品に焦点を当てて確認しよう。購入者の評価はどうだったのかも調査すべきである。

### 手順7：販売体制も点検する

そして現状採用している販売体制や販売促進策も一通り確認しておこう。自社の営業に携わっているのは誰でどの程度のレベルなのか？　である。販売促進策は何を行っているのか？　パブリシティは？　パンフレットやカタログは？　教育マニュアルは？　など広く考えよう。ターゲットに認知してもらい、購買につなげるために行っている策をあげてみよう。そして、その効果がどうだったのかも記述する。

### 手順8：業態別売上割合の分析

もし自社が直接エンドユーザーに販売していないのであれば、業態別の売上がどうなっているのかを調べる。卸売業などの代理店販売をしていれば、エンドユーザーとの接点まで（たとえば小売店）も調べよう。卸売業ひとつとっても商社なのか、専門代理店なのかなど業態別に分けて把握しておく。

### 手順9：自社のコア・コンピタンスは何か

すべてが一通り書き終わったら、それで終わりではない。その結果、自分の会社のコア・コンピタンス（中核的推進能力）は何かをきちんと

まとめておく。市場になんとなく流されて新商品開発をしていないだろうか。本当に自分の会社のコア・コンピタンスを活かしているだろうかという点もここで考えておこう。

**手順10：今後の方向性について考察する**
　これらの分析を通じて、自社がどのような方向で商品開発をしていったらよいかを考えてみよう。この時点では漠然としていてよい。

**手順11：必要なシーズは何かを把握する**
　今後新商品開発をしていくのに当たって、気がついた不足しているシーズがあるのならば、それも書いておこう。

## シミュレーション

佐藤：「当社の売上高は営業の田中さんお願いしますね」
田中：「今年と昨年のはわかるけれど、それ以前のものはあったかなあ」
佐藤：「そんなこと言わないで、調べてください」
　と、不満気に言った。営業の田中は総務の脇屋と協力して懸命に調べた。さらに過去のものについては、明日香リーダーに財務諸表やノートにまとめていたものを出してもらってなんとか調べ上げた。
山田コンサルタント：「それでは売上高の高い順に並べてみてください。上位品目の20％位で大体80％位の売上を占めているでしょう」
田中：「本当だ。薄々は感じていたけれど、主力製品の占める割合はやはり大きいなあ」
山田コンサルタント：「業界の中でのシェアは出ますか？」
田中：「これも難しいけれど、えっと市場規模は約450億円だからシェアは3％だな」
山田コンサルタント：「新製品の状況はどうですか？」
田中：「社長が積極的に投入しているけれど期待はずれが多いな。売り始めて、売れ行きが芳しくないとすぐ諦めちゃうからなあ」
山田コンサルタント：「あまり感覚的に捉えないで、ちゃんと数字で把握しましょう。新製品の売上が全体の売上に占める割合はどのくらい

ですか？」

田中：「昨年が10点出して1億円の売上だから占める割合は3.1％です。その前の年が20点出して1.5億円の売上だから占める割合は4.8％です」

　榊原サブリーダーは田中と協力して過去5年間の新製品の占める割合を調べた。

山田コンサルタント：「さあ今までは営業の話だと皆さん思っていたかもしれませんが、実は新商品を開発・生産してきた皆さんの問題でもあるんですよ。今までの新商品開発の体制について書きましょう」

榊原サブリーダー：「大体のパターンは、社長が『これ売れているから、検討して』と指示が出るか、お客さんからきた要望を受けてリニューアルするパターンかですね」

山田コンサルタント：「皆さんから発案することはないのですか？」

榊原サブリーダー：「あまりないですね」

山田コンサルタント：「わかりました。次に皆さんの会社のシーズを点検してみましょう。シーズとはこの表に書いてあるヒト、モノ、カネ、技術、情報などのことです。強みと弱みに分けて考えましょう」

　ここでメンバーは各自得意な分野でそれぞれまず書いてみた。それを元にメンバーで論議した。

数名のメンバー：「どうも自分の会社は弱みばっかりになる気がするんですけど」

山田コンサルタント：「もちろん何もかも揃っているわけではないから悪いところばかり目につくかもしれませんが、もっとプラス志向で見てください。何かここはわが社は強いというところがあるでしょう」

佐藤：「そう言えば、このプロジェクトを組織したってこともヒトの面では強みよね。それと技術も樹脂成型があるし」

山田コンサルタント：「そうそうその調子」

　山田コンサルタントは皆を励まして再度論議した結果、強みも出てき

## 第2章 ● 自社の強みを活かした開発を始めよう

た。
山田コンサルタント：「さあそこで皆さんの会社のコア・コンピタンスは何かを探ってみましょう」
佐藤：「コア・コンピタンスって何ですか？」
山田コンサルタント：「それは、この会社が世の中に存在していくための中核的な推進能力のことです。これがあるから御社はやっていけているってものですよ。今まで出したシーズの強みからちょっと広げて考えてください」

　この後メンバー全員で論議して次ページのような結果となった。

山田コンサルタント：「さあこれで、今後の方向性が少し見えてきましたかね」
田中：「そうですね。やはりわが社は、樹脂成型技術抜きには考えられませんから、その技術は活かしたいと思いますね。でも現在出ている分野だけでは価格が厳しいし、競争も激しいしなあ」と嘆く。
山田コンサルタント：「じゃあどの分野がよいと思います？」
榊原サブリーダー：「先程やりました社会環境分析のところと合わせて考えると、もう少し若者向けよりも中高年向けの癒しグッズがよいような気がします」
佐藤：「私は、女性の不満点をもっと汲み上げた商品がよいと思うわ」
山田コンサルタント：「今の段階ではまださまざまな方向が考えられると思いますので、それらは捨てないで列挙しておきましょう。またその商品開発をしようとすると必要なシーズは、何かも書いておきましょうね」

　その後、全員が今後こういう方向で開発したらと思っていることを論議し合った。とりあえず、それらは捨てないですべて残しておくことにした。必要なシーズのところは、現在自社にない技術を中心に出してみた。
　こうしてでき上がったのが次のページのシートである。

山田コンサルタント：「よくできましたね。それでは次のブロックに行きましょう」

図2-2

## 社内環境分析表（例）

生活日用品群＝A群
情報機器部品＝B群

| | 1995年 | 1996年 | 1997年 | 1998年 | 1999年 | 2000年(予定) |
|---|---|---|---|---|---|---|
| **売上推移**<全体>(前年比) | 24億円 (8.3%) | 26億円 (7.6%) | 28億円 (7.6%) | 30億円 (7.1%) | 31億円 (3.3%) | 32億円 (3.2%) |

| | 1995年 | 1996年 | 1997年 | 1998年 | 1999年 | 2000年(予定) |
|---|---|---|---|---|---|---|
| **製品群別売上推移** | A群 19億円<br>B群 3億円<br>その他 2億円 | A群 18億円<br>B群 4億円<br>その他 4億円 | A群 17億円<br>B群 7億円<br>その他 4億円 | A群 16億円<br>B群 9億円<br>その他 5億円 | A群 15億円<br>B群 12億円<br>その他 4億円 | A群 14億円<br>B群 13億円<br>その他 5億円 |

| | 1995年 | 1996年 | 1997年 | 1998年 | 1999年 | 2000年(予定) |
|---|---|---|---|---|---|---|
| **シェア推移** | A群 5.0% | A群 4.6% | A群 4.4% | A群 4.0% | A群 3.8% | A群 3.2% |

| | 1995年 | 1996年 | 1997年 | 1998年 | 1999年 | 2000年(予定) |
|---|---|---|---|---|---|---|
| **新製品状況** | 寄与率 4.7% | 寄与率 5.8% | 寄与率 5.4% | 寄与率 5.0% | 寄与率 4.8% | 寄与率 3.1% |

| | | | 強み | 弱み |
|---|---|---|---|---|
| **シーズ** | ヒト | | 若い・意欲のある人材がいる<br>現場は皆まじめに仕事をする | 2代目新社長が就任したばかりである<br>自ら積極的に取り組む人は少ない |
| | モノ | | 生産設備はある | 生産設備はだいぶ老朽化してきた |
| | カネ | | 対前年比は上回っているので多少の投資は可能である | 資金は潤沢ではない |
| | 技術 | | 精密射出成型技術を持っている | 樹脂成型以外の技術はない |
| | 情報 | | 社内LANが完成し、各種管理システムが整備しつつある | まだまだ社外に向けての発信が少ない。情報探索能力も不足している |
| **開発体制** | | | 社長をリーダーに技術者2名 | 今までは明確な新商品開発体制はなかった |
| **メインユーザー** | | | 生活日用品は、10代から30代までの主婦<br>情報関連部品は、情報機器メーカー | 価格が高めと認識されている<br>品質の評価は高い |
| **販売体制<br>販売促進策** | | | 営業社員 20人<br>店頭販促物支援　流通販促金支払い | 十分分析していないが、訪問先に偏りがある模様<br>価格競争が激しく協賛金はいつも不足しがち |
| **業態別<br>売上割合** | | | ホームセンター　40%<br>情報機器関連メーカー　30% | ディスカウントストアー　10%<br>スーパー（GMS）　20% |
| **コア・コンピタンス** | | | 樹脂成型技術を生かした<br>生活日用品の製造・販売 | 今後の方向性 | 新しい生活を提案する付加価値の高い商品の開発 |
| **必要シーズ** | | | 新商品開発のノウハウ、デザイン力、エクステリア回りの技術 | | |

第2章 ● 自社の強みを活かした開発を始めよう

## STEP-1 ブロック 3 バ 業界・市場環境分析

　今度はもう少し視点を広げて、自分が所属する業界や市場について分析してみよう。

**実施手順＜図3-1を使用する＞**
**手順1：市場規模を推定する**
　最初に市場規模を推定してみよう。ここでいつも問題になるのは、市場の大きさがよくわからないという人がいることである。「そんなのは業界の資料もないし、調べようもない」というのである。ところが推定する方法はある。
　たとえば消費財であればターゲットとなる人口を人口推移表で調べるか、あるいは1億2000万人÷80歳＝150万人＝1歳台という簡易法で算出してターゲットの年代を掛けるかして出す。
　そして、家計調査などから消費支出額を調べ、人口と掛け算することで推定できる。生産財であれば、その業界の競合メーカー、主要メーカーの出荷額か売上額を集計するか、生産財を出荷している先の購買量を推定して集計するなどである。

**手順2：業界のシェア推移を把握する**
　次に調べるのは主要企業のシェアの推移がどうなっているのかである。そこで目覚しく伸びている企業があるのならば、その有力会社の動向も探る。どのような商品でシェアを伸ばしているのか、あるいは販売体制やチャネルなどの施策が効いているのかなどをつかんでおく。

**手順3：自社のシェアの推移を把握する**
　自社の分析で詳しくは行ったが、改めて自社のシェアが業界の中でどのくらいかおさらいをしておこう。

**手順4：有力会社の動向を把握する**
　その業界における有力企業がどのような新製品を投入しているか、販

売体制、販売促進策などを把握する。できればどのような新商品開発体制をとっているかなどもわかるとよい。

### 手順5：競合企業の主要商品・価格・形態などを確認する

さらに、競合会社の主要な商品・価格・形態なども消費者（エンドユーザー）が購入する接点（小売店など）に行って調べよう。

この調査は社内で座っていてもほとんどわからない。考えられる接点になるべく多く行って調べる。ひとつの店などではわからないことも多い。ちらしによく取りあげられるのであれば、全国のちらし情報を収集している会社もあるのでそこから有料で入手してもよい。

### 手順6：業界でのトピックスを把握する

業界で最近話題になっていることなども業界紙・誌から拾ったり、営業の現場から聞き込みをしたりしよう。

卸売業の再編だったり小売業の中で新業態が出てきたり、インターネット販売の動向などを点検しよう。

### 手順7：業界での業態別売上割合を調べる

先程は自社の業態別売上であったが、今度は業界全体で業態別にどのような売上の割合なのかも把握しておこう。特にエンドユーザーとの接点での変化に注目する。

一昔前は小売専門店だったのが、カテゴリーキラーと呼ばれる業態に変化していたり、ホームセンターになっていたり、コンビニエンスストアになっていたりしていないだろうか。

### 手順8：業態別の動向を分析する

次に業態別の売上動向などを調べてみよう。伸びている業態はどの程度伸びているのか。下がっている業態はどの程度下がっているのかなどである。伸びているとしたらどのような要因か。店舗数が伸びているからか、既存店の売上が伸びているのか。下がっているのは店舗数が少なくなっているのか、既存店の売上が下がっているのかなどである。この部分は伸びている業態に自社がきちんと販売を行っているかのチェックも合わせてしておこう。

第2章 ● 自社の強みを活かした開発を始めよう

図3-1

## 業界市場分析表作成手順

市場規模を調べる、あるいは算出する（5年間分）
算出は、その商品・サービスの使用する人口×家計調査（その他資料）などの方法で推定する

業界のシェアを調べる
調査会社やシンクタンクの有料データベースや調査レポートが有効
有名なのは、
日本能率協会のMDB
矢野経済研究所
富士経済研究所
その他マーケットシェア事典や業界誌なども有効である

自社のシェアを算出する
（自社売上÷市場規模）

有力会社の動向を記述する

競合企業の主要商品・価格・形態などを調べて記述する
その際商品特徴があれば合わせて記述する

業界で最近話題になったトピックがあれば記述する（業界誌などで調べる）

業界の標準的な業態別の売上高を調べる。特に消費者、エンドユーザーとの接点である小売業の売上高が重要
日経流通新聞の定期的な調査が有効である。正確にわからなければ、割合でも良い

STEP-1　企業環境分析段階
ブロック3　業界・市場分析表
年　月　日
氏名

| 市場規模推移 | |
| --- | --- |
| 業界のシェア | |
| 自社シェアの推移 | |
| 有力会社の動向 | |
| 競合企業の主要商品・価格・形態 | |
| 業界でのトピックス | |
| 業態別売上高 | |
| 業態別動向 | |
| 業態メインターゲット | |
| 今後伸ばすべき方向は？ | |

業態に応じた今後伸ばすべき方向について考察し、記述する

自社にとっての重視すべき業態はどこかを記述する

業態別動向について調べる。日経流通新聞、業界紙誌が有効

CD-ROM スライド番号 4

**手順9：自社にとってメインターゲットの業態はどこか**

　その意味でも伸びるチャネル＝業態に向けて積極的に新商品開発をしていく必要があるかもしれない。したがって自社として、ターゲットとなる業態はどこになるのかを明確にしよう。

**手順10：今後伸ばすべき方向を記述する**

　これらの分析を通じて、伸ばすべき方向がどこか明らかになってきたのではないだろうか？　それが見えたら一番下の欄に記述する。

## シミュレーション

　メンバーは手分けをしてホームセンター、百貨店、スーパー、ショッピングセンター、ディスカウントストアーに行き、生活日用品で着目すべきところはどこかを見て回った。

　その結果、園芸エクステリア用品がかなり伸びていることがわかった。そこでさらに調べたところ、家庭日用品が23.1％、園芸エクステリア用品が19.9％とかなり売れていることがわかった。（社団法人日本ＤＩＹ協会調べ）そこでこの園芸エクステリア用品に注目して調べてみることにした。

榊原サブリーダー：「**先生、市場規模と言ってもよくわかりません。何がどれくらい売れているのか見当もつきません**」

山田コンサルタント：「**レジャー白書にガーデニング市場のことが載っていますよ。ただし、これは全体の話ですから、どうやって基礎数字を算出するかは決めないといけないですね。現在方向としてはまだ決まっていませんから、大雑把にどのくらいの市場があるのかを人口や参加率や家計調査などから算出してみましょう**」

　こうしてメンバーは、また各自手分けして調べ、表のような数字を算出した。さらに、今度はホームセンターに集中して再度調べ上げ、どのような売上推移なのか、園芸エクステリア用品についてはどうなのかを調べた。その結果興味深いことがいくつか発見された。

榊原サブリーダー：「**こうしてみると、一戸建てにどうも偏った商品構成**

のような気がしますね」
佐藤:「そうそう。もっと都会でガーデニングを楽しみたい人のニーズに応えきれていない感じがするわ」

　こうして皆で話し合って、今後伸ばすべき方向としては「都市生活者のガーデニングニーズに応える」にした。でも「簡便性」ははずせないことや「環境」に配慮した方向が考えられるのではないかという結論に達した。

山田コンサルタント:「だんだん**開発すべき方向性が明確**になってきましたね。それではそれをまとめてみることにしましょう」

図3-2

## 業界・市場分析表（例）

| | | | | | |
|---|---|---|---|---|---|
| 市場規模推移 | 1996年<br>3,280億円<br>12.3% | 1997年<br>3,450億円<br>5.2% | 1998年<br>3,520億円<br>2.0% | 1999年<br>3,800億円<br>8.0% | 2000年<br>3,960億円<br>4.2% |
| 業界のシェア | A社　33%　　　B社　17%　　　C社　11%<br>この3社で61%を占める。後は数十社が参入しているがシェアは1桁台 | | | | |
| 自社シェアの推移 | 現在進出していないので、0% | | | | |
| 有力会社の動向 | A社はZシリーズでガーデニング用品品揃え強化<br>B社はロイヤルブランドで高級ブランドイメージ強化<br>C社は、低価格品を続々投入 | | | | |
| 競合企業の主要商品・価格・形態 | A社はZシリーズ　　中心価格帯　2万円前後　一番売れているボリュームゾーン<br>B社はロイヤルブランド　5万円〜10万円　　高級イメージ強い　エクステリアも強い<br>C社は、低価格品を続々投入　　中心価格帯は1万円未満　　安物イメージがあり | | | | |
| 業界でのトピックス | エクステリアメーカーが積極的に進出。一戸建てのベランダ、テラスなどにウッド風のトレリス、デッキを投入（素材はアルミ）<br>木工品メーカーもガーデニング分野に着目して進出著しい | | | | |
| 業態別売上高 | ホームセンター70%<br>園芸用品専門店、百貨店、ショッピングセンター、ディスカウントストア、スーパー（GMS）は合わせて30%程度 | | | | |
| 業態別動向 | ホームセンターは平成10年を境に業績が頭打ち。店舗数は3400店。店舗数は対前年比微増。ホームセンター業界全体の売上高は3兆円強。<br>百貨店、スーパー（GMS）、ディスカウントストアーもいずれも前年割れ | | | | |
| 業態メインターゲット | ホームセンター（園芸エクステリア用品売場） | | | | |
| 今後伸ばすべき方向は？ | 1．都市生活者のガーデニングに対するニーズに応えていく商品群<br>　　特にマンション、アパートなど一戸建てに住んでいない世帯<br>2．簡便性の追求。自然には親しみたい、でもあまり面倒なこともしたくない、というニーズに応える<br>3．環境に配慮/自然に親しむのに環境を汚しては矛盾する | | | | |

## STEP-1　まとめ
## 課題の整理と大まかな開発の方向の設定

さてこのステップ１のまとめである。今までやってきたシートを全部並べてみて、大まかにこのような方向で自分の会社は新商品開発したらどうだろうかというのが見えてこないだろうか？

当社の経営資源や特性と、業界・市場の状況などを考え合せて対象を明確にして、開発テーマを絞りこんでみよう。

もし見えてこないのならば、まだ考えや分析が足りないのである。社会のマクロなトレンドがつかみきれていないからなのか、業界・市場のことがよくわかっていないからなのか、自分の会社のことが実はよくわかっていないからなのか、いずれかに問題があるであろう。

あるいは、方向性は見えたが、自分の会社はどうもその能力がなさそうだと気がついたかもしれない。それはそれでよいのである。その能力不足を補う方法はいくらでもあるのだから。もし不足している能力に気がついたら、どのような技術を導入する必要があるのかを明確に書いておくとよい。

**実施手順＜図３-３を使用する＞**

**手順１：大まかに見えた開発の方向性をテーマとして書く**

上述のように今まで分析してきてほぼ見えてきたテーマを書いてみる。その下の欄を埋めるうちに変ったら再度書き直してもよい。

**手順２：今までの分析結果をまとめる**

なぜこのテーマを選ぶのに至ったのかを明らかにするために、今まで分析してきたシートを元に、当社の資源や特性について箇条書きで書いてみる。強み・弱みをバランスよく書こう。

**手順３：対象となる業界を想定する**

開発テーマはどこの業界が対象となるのかを記述する。これは主に販売されている業界を意識する。

**手順４：対象となる市場・ターゲットを想定する**

今度はエンドユーザーを意識して、誰がメインターゲットになりそう

かを想定する。ここでのターゲットは漠然と30代の夫婦などとしないで、どのような生活をしている人かを明確にイメージできるようにする。年収、購読紙・誌、ライフスタイルなどがわかる言葉でなるべく詳しく記述する。

**手順5：対象となる活用技術を想定する**

自社で活用できる技術は何かを記述する。導入すべき技術が明確であればそれをここに記述してもよい。

**手順6：対象となる流通を想定する**

最後に、どの流通（チャネル）で販売していくのかを想定する。これは新商品市場導入計画のところで改めて検討するが、今までの分析で狙いたいチャネルを想定して記述すればよい。

## シミュレーション

「創造生活21」では今までの分析を通じて開発テーマを「都市で楽しめるガーデニング」に決めた。

そのテーマに従って、資源、特性を記述し、対象となる業界も想定した。ターゲットについては、どの層に的を絞るのか論議したが、やはりまだ子どものいない共働きがよいのではないか、ということに落ち着いた。年収やライフスタイルについて、イメージできるところまで話し合った。

活用技術については、自社の最も得意とするところとし、流通についても既存でも取引があるが、今まで商談したこともなかった園芸用品、ガーデニング売場をターゲットにすることに決めた。

第2章 ● 自社の強みを活かした開発を始めよう

図3-3

CD-ROM スライド番号 5

## STEP-1 企業環境分析段階
## 開発計画書〜開発テーマの設定（例）

**開発テーマ**

都市生活者が楽しめるガーデニング用品

**当社の資源（ヒト、モノ、技術など）**

若い・意欲のある人材がいる
生産設備はある
生活日用品メーカー→ホームセンターに販路あり
精密射出成型技術を持っている
アスカブランドは品質では信頼感があり、技術主導型と認識されている

**当社の特性**

2代目新社長が就任したばかりである
生活日用品では低価格の輸入商品と100円ショップの台頭で苦戦している（減少）
情報関連部品は堅調。
今までの新商品開発はトップダウン型、モデルチェンジ、クレーム対応型が多い
「創造生活21」プロジェクトを立ち上げ、げ、新しい生活提案を目指している

**対象となる業界の想定**

ガーデニング市場。園芸・エクステリア市場

**対象となる市場・ターゲットの想定**

30代前半の都市のマンションに住む夫婦。妻も働いている。年収2人合わせて1000万円
自然が好きで生活に潤いを求めている。子供は当面生む予定なし
定期購読紙　○○

**対象となる活用技術の想定**

精密射出成型技術
導入技術としては、■■

**対象となる流通の想定**

ホームセンター（園芸エクステリア用品売場）

# 第3章
# ヒット商品開発計画をつくろう

**商品開発プロセスSTEP-2**
## 商品開発計画段階

　ステップ1の経営環境分析はしっかりできましたか？　自分の会社なのにわかっていたようで、ずいぶん知らない側面も多かったののではないでしょうか。
　さて第3章はいよいよ商品開発の実施計画を立案する段階に入ります。この段階の一番重要な仕事は徹底して生活者（顧客）のニーズを掘り下げて、魅力ある商品開発のテーマに仕上げることです。そういう意味であなたは生活者さえ気がつかない潜在的ニーズを探る心理学者か、迷宮入りになりそうな難事件を解決する名探偵のような仕事ぶりが期待されます。
　この段階をクリアすると売れる商品の「種」をしっかり手中に収めることができます。さあ、普段あまり使うチャンスのない右脳を活性化させて、生活者の心と頭脳を探る旅に出発してください。健闘を祈ります。

**[目 的]**
ニーズを把握した開発テーマを設定し間違いのない商品開発計画を立案しよう。

**[活 動]**
ブロック　4・生活者（顧客）ニーズの把握
　ヒト　現代の生活者（ターゲット）のニーズを探ろう
ブロック　5・シーズの応用と展開
　モノ　生活者（ターゲット）ニーズを満たす自社のシーズの応用と展開を考えよう
ブロック　6・市場でのニーズ確認
　バ　市場を見て生活者（顧客）のニーズを確認しよう

**[成 果]**
商品開発計画書の作成

| | ヒト（顧客） | モノ（企業・製品） | バ（市場） |
|---|---|---|---|
| STEP-1<br>企業環境分析段階 | ブロック 1<br>社会環境分析 | ブロック 2<br>社内環境分析 | ブロック 3<br>業界・市場環境分析 |
| | 自社の強みを活かした大まかな開発方向の決定・評価 | | |
| STEP-2<br>商品開発計画段階 | ブロック 4<br>生活者（顧客）<br>ニーズの把握 | ブロック 5<br>自社シーズの<br>応用と展開 | ブロック 6<br>市場での<br>ニーズ確認 |
| | 新しい需要を創る商品開発計画の決定・評価 | | |
| STEP-3<br>商品企画段階 | ブロック 7<br>顧客の立場からの<br>アイデア展開 | ブロック 8<br>製品機能からの<br>アイデア展開 | ブロック 9<br>売場要素からの<br>アイデア展開 |
| | 売れる商品企画案と事業企画案の決定・評価 | | |
| STEP-4<br>開発段階 | ブロック 10<br>商品デザイン | ブロック 11<br>商品設計 | ブロック 12<br>市場導入計画 |

## STEP-2の内容と狙い

　STEP-2では徹底して生活者（ヒト）の声に耳を傾けてニーズを発見し、そのニーズを実現するために自社（モノ）シーズの準備を行う。次に市場（バ）を観察することによる生活者ニーズの確認を行い、魅力的な開発テーマとして設定する。ステップの成果としてテーマを実現する開発のシナリオを作成し商品開発計画として立案する。

　ブロック4（ヒト）では開発テーマの顧客となりそうなターゲット（標的市場）にグループインタビュー調査を実施することで情報を掘り起こそう。さらにそこで得た情報をKJ法（親和図法）で分析し、顧客ニーズとして定性的に把握しよう。

　ブロック5（モノ）では、ブロック4で明確になった生活者ニーズを実現するために、自社シーズの応用展開研究をしよう。ブロック2の社内環境分析のデータを参考にするとよい。

　ブロック6（バ）では、ブロック4で明らかになった生活者ニーズに関連する市場のタウンまたはショップウオッチングをすることで確認する。

　このステップでは以上のように、ヒト（生活者ニーズ）・モノ（自社技術の応用展開）・バ（市場での顧客ニーズ確認）の3要素を起点にして得た情報を統合して、ヒットして儲かる開発テーマに仕上げることが仕事だ。さらにそのテーマを商品化するに当たって、商品開発活動の台本とも言える開発のシナリオを含む「商品開発計画書」を作成する。

第3章●ヒット商品開発計画をつくろう

## STEP-2
### ブロック
# 4 ヒト 生活者(顧客)ニーズの把握

## グループインタビュー調査で顧客の意見を聞こう

　ここではテーマに関心を寄せ顧客となりそうな対象者が、開発のテーマや仮説に対して、どのような欲求を持っているかを探ることになる。

　それには「**グループインタビュー**」と言われる調査方法があり、企画側の仮説を検証し、顧客の意識や新商品のヒントを深く探り出すのが狙いだ。

　これは多少の時間と費用がかかるが、「勘と経験と度胸」の３Ｋ開発を進め結局在庫の山を抱えるよりは、結果的に経済的でリスクの少ない開発になる。ことによったら開発テーマが生活者にとってまったく魅力のないものの可能性だってあり得ることだ。そんな時はすばやく方向転換をすべきである。グループインタビューの発言にはその方向性とヒントが必ず潜んでいる。

　中小メーカーがほかの企業に差をつけるには、絶対必要なのがマーケット調査で、ことに**グループインタビュー**（以下グルイン）は大きな力を発揮する。

　グルインで得た情報は会話であることから、そのままでは定性的なデータとして活用できないため、何らかの形で分析を行い顧客ニーズとしてまとめなければならない。まとめの手法としては一般的に行われている**ＫＪ法（親和図法）**を活用する。

　グルインとは、５〜７人程度の対象者に対して司会者が、開発のテーマやテーマに基づいてつくられた「仮説」を投げかけ、それに対して深く意見を聞き出す手法で、一般的にはインタビュールームとモニタールームが分離した専用会場で実施されている。

　グルインの特徴は対象者が司会者の質問に一方的に答えるだけではなく、対象者同士が話し合いをすることによって相乗効果が発揮され、対象

85

者自身さえ気がつかない潜在欲求が浮かび上がることである。

「ノリ」のよいグルインで「はっとする」ような商品の切り口を見つけるためには、インタビューの準備と進行が成功の鍵を握っているため、しっかりした事前計画を立てたい。

**実施手順＜事前準備＞**

**手順１：グルインにかけるテーマと「仮説」を設定する**

「何でもよいからとりあえず聞こう」では失敗する。ステップ１で設定された開発テーマをベースに、もう少し具体性を持った仮の商品コンセプト的な「仮説」を設定する。それを調査対象者が理解できるフリップボードにまとめる。

**手順２：どんな内容でどこまで聞くか、何を知りたいか、などの目標設定をする**

**手順３：インタビューの司会者を決定する**

司会者はそのテーマに最も詳しい開発技術者がよいかというとそうではない。できれば社外の専門家に依頼するのがベストだが、社内で選ぶ場合には対象者がリラックスできる雰囲気をつくれ、テキパキと活発な意見を引き出す明るく臨機応変に対応できる性格の人が望ましい。その点では女性が適している。

**手順４：インタビューの日程と会場を決定する**

日程と時間については自社都合よりも、対象者が集まりやすいことを優先し決定する。（有職者と専業主婦では出席できる時間帯や曜日が違う）会場は、モニターと対象者が顔を合わせることがない専用のスタジオがベストであるが、対象者が自由な意見を発言できるような環境を考えると、せめてホテルや公共の会議室などを設定したい。インタビュー時間は２時間程度とする。自社に対象者を招くことは避ける。

**手順５：インタビュー対象者を決定し依頼を行う**

対象者は当然商品開発のテーマに関心を寄せるだろうとと思われるターゲットを設定（ターゲットセグメンテーション）することになるが、必ず性別、年齢など同じような属性で構成し実施することが原則だ。ま

第3章●ヒット商品開発計画をつくろう

たグルインの精度を高めるためにも複数のセグメントのグループにインタビューを実施することが必要である。

対象者の性格も重要で積極的かつ協調性のあるバランスがとれた人が理想だ。また、人選についてはリサーチ専門会社などのリクルートサービスを活用することも考える。

**手順6：インタビューのシナリオを作成する**

開発担当者と司会者の間でインタビュー全体の流れと質問項目を確認しインタビューシナリオを作成する。またインタビューシートを用意する（別途解説する）。

**手順7：シナリオに基づきシミュレーションをする**

シナリオに基づいて必ず本番同様のシミュレーションをするとよい。その場合映像や録音などの記録を取り見直しも忘れないことだ。

## シミュレーション

明日香樹脂（株）の新商品開発プロジェクト「創造生活21」は前ステップで設定されたテーマである「都市型ガーデニング」に対して、いよいよグルインで顧客の意見を聞くこととなった。事前準備も手順通り済んだが、初めてのことでいくつかの問題が残った。

最大の問題は司会と対象者、そして会場の設定であった。最初は手間もかからず簡便で予算的にも安上がりにするため、自社にターゲットを招き社員がインタビューする方向で明日香リーダーは考えていたが、「これでは明日香の商品企画であることが相手に知られてしまうことで意見にバイアスがかかり、せっかく開発の初期に調査を行いながらも、ターゲットの本音が引き出せないばかりか、開発予算の無駄使いになってしまう」とのコンサルタントの強い指摘があり、ここは専門家の力を借りて確実な情報を収集することとした。

### （1）正確な情報を引き出すために主催者を明かさない

プロジェクトの真剣な協議の結果、正確な情報を収集するためには、あ

る程度の予算を計上することにして、以下のような基本的条件を設定した。
- ターゲットの人選は自社との関わりのない人が絶対条件のため、コンサルタントを通じてリクルーティングを依頼する。
- 会場は近隣に専用のインタビュー施設がないため、喫茶のサービスが受けられる雰囲気のよいホテルの会議室を借り、ターゲットの気分をリラックスさせることに重点をおいた。少しでも予算を押さえるためと失敗のない記録のために、画像と音声記録機器は自社所有物を持ち込むこととした。
- 司会はグルインの成否を分けることになるので、これもコンサルタントを通し専門家に依頼することとして、書記はメンバーの脇屋さんが担当することにした。

(2) 意見を聞くために仮説を設定しよう

ステップ1で設定された「都市生活者が楽しめるガーデニング」に対して、グルインの参加者からいろいろな意見を聞くことになるが、「都市生活者が楽しめるガーデニング」ではまだ漠然として、聞く方も答える方も核心に迫りにくい。また逆に具体的すぎても「それは嫌い」と言われたらそれまでで、適当な絞り込みが必要になる。

榊原サブリーダー:「先生、仮説の設定はどの程度の絞り込みをしたらいいですか？」

高嶋コンサルタント:「そうだね、都市型だからスペースをとらないというのがキーワードで、そのあたりをもう少し具体的に示したらどうだろう。それとガーデニングビギナーがターゲットになるはずだから、そこに触れるのも必要だね」

佐藤:「ということは、省スペースで簡単に楽しめるガーデニング？ と言ってしまってよいんでしょうか？」

高嶋コンサルタント:「そうそうそんな具合にいくつかの、こんな商品があったらどうですか？ とイメージが広がるように伝えるとよい

## 第3章 ● ヒット商品開発計画をつくろう

ね」

田中：「仮説は対象者の感性で捉えられ方が違ってよいんですね。先生」

高嶋コンサルタント：「その通り田中君。今のところはその曖昧さを残すことで、対象者の想像力が発揮できる余地を残しておいた方がいい段階だね」

早速コンサルタントのアドバイスに従いメンバー間で協議を始めた。このプロジェクトはポストイットを大量に消費する。この作業も各自思ったことやアイデアを30分の時間を区切りポストイットに書いていく。

この方法は日本人の苦手なブレーンストーミングの弱点を補う実によい方法だ。これはカードディスカッションとして「創造生活21」プロジェクトに根付きつつある。

明日香社長は、等しく参加者が発言できるディスカッション手法として、普段の会議にも使ってみようと考えていた。

各自のアイデアを壁に貼った模造紙に張りつけ、お互い意見を言いながら仮説として組み立てていった。その結果次の3方向の仮説を決定した。

---

**P案　ベランダや出窓でガーデニングを楽しむ**
マンションやアパートでも自然が楽しめる組み立て簡単なガーデニングのシリーズ用品

**Q案　リビングや寝室でガーデニングを楽しむ**
庭がなくても部屋の中で自然が楽しめる、移動も簡単なインテリアガーデニング用品

**R案　玄関先やカーポートでガーデニングを楽しむ**
狭い敷地でも自然が楽しめる立体的でスペースをとらないガーデニング用品

---

ここでは、ひとつの仮説に対しそれぞれガーデニングを楽しむ「場所」と商品「特徴」の2つの要因を設定した。もっと欲張っていろいろ聞きたいと思うだろうが、やめた方がいい。なぜならば質問の構造が複雑すぎるとグルイン参加者の正常な判断を期待できなくなり焦点がぼけてしまうこ

とと、グルイン後の分析ができなくなる恐れがあるからだ。
　後はこの仮説をグルイン参加者全員がよく見えるようなボードに仕上げることになる。その場合ＡＢＣ案とせずＰＱＲ案と設定することが多い。
　これはＡＢＣにするとアイデアの優劣順位があるのかと勘ぐってしまう人間の深層心理に配慮した結果である。

　（3）ターゲットセグメンテーションを明確にしよう
　そのほか事前準備で注意深く協議した点は「都市生活者が楽しめるガーデニング」に関心を示す対象者の選定だった。対象者の特性は、ガーデニングに興味を持ちながら、ガーデンスペースがなくあきらめかけているマンション生活者や、どこから始めてよいかわからずに手をこまねいているガーデニング入門者。また多忙な仕事でストレスを感じ、ヒーリング生活やハーブ栽培に関心を持っている流行に敏感なキャリアウーマンであると想定し、協議の結果3つのターゲット像を設定した。

> **ターゲットＡ**　都市型生活者（マンション等集合住宅・敷地の狭い戸建て住宅）でガーデニングに興味があり、未就学児童がいる30歳後半までの主婦
> **ターゲットＢ**　Ａと同じ条件で子供がいないダブルインカム（共働き）の20歳代から30歳代半ばの主婦
> **ターゲットＣ**　Ａと同じ条件で20歳半ばから30歳代後半までの忙しく働く独身女性

　このようにターゲットのセグメンテーションを変えて調査を実施する理由は、中心的な顧客を発見することと、ターゲットごとの欲求の違いとその内容を把握することで、商品仕様の骨格づくりに活かそうとするものだ。
　大きな市場に大量の商品を投入する食品開発などの場合は、同じセグメンテーションで商品開発のステップごとに複数回のグルインを実施することが珍しくないことをコンサルから聞かされ、大手企業の商品開発がいか

に顧客調査を重要しているかメンバーは再認識し、自分たちのグルイン結果に緊張と期待を抱いた。

### (4) シナリオをしっかりつくって実施しよう＞

次に司会者と相談しながら調査シナリオをつくることになった。これも初めてのことで大いに収穫があった。

最初にターゲットの気持ちをほぐし活発な意見が出やすくするために、簡単な質問から入り後半に核心を突く重要な質問（仮説検証）を投げかけることが原則だと教えられた。そのようなことからすると、おおよそ次のような手順で進めることになった。

① 簡単なグルインの基本ルールの説明
② ターゲット間の自己紹介で安心感づくり
③ どんな時にストレスを感じているか
④ ストレスの解消法は何か、どんなことをやっているか
⑤ 癒しやヒーリングに興味があるか
⑥ 実際にどんなことをしているか
⑦ どんなところがよくてどんなところが不満か
⑧ ガーデニングのどんなところに興味や関心があるか
⑨ ガーデニングにどんな期待をするか、何をしたいか、
⑩ 実際のガーデニング商品や写真を見せて聞く
⑪ ガーデニングをどんなところで楽しみたいか
⑫ それではこんな商品案はどうか（仮説ボードを見せる）
⑬ ３つの商品案（仮説）のうちどれが好きか
⑭ 仮説のどんなところがよくてどんなところが不満か
⑮ いくらなら買うか
⑯ どこで売っていたらよいと思うか
⑰ ほかにどんなアイデアや商品があるとうれしいか

これらの手順でインタビューを進行することになるのだが、プロジェクトでは、コンサルタントの指導の基にシナリオ、進行表、会話記録用紙、

そして商品仮説ボードを作成し、メンバーが司会と対象者の役割を演じながら、シナリオをベースにシミュレーションを行い不具合の修正を行った。グルインは事前準備と費用をかけ1回きりのやり直しがきかない調査であるだけに、慎重なシミュレーションをやるべきだ。

### (5) グルインの実際

ホテルの会議室をパーテーションで区切った一方のスペースで、予定の時刻にターゲットBダブルインカムのグルインが開始された。

記録係の脇屋さんを除き、メンバー全員TVモニターとスピーカーに耳目を集中した。企業環境分析から始まり仮説の設定に至る今日この日までの成果が評価されると思うと、明日香リーダーとしても気分が高揚してくる。商品開発の楽しさとやりがいは案外このあたりにありそうだ。

メンバー全員のモニターを見つめる真剣な横顔からも、すでに自らが考えたプランをしっかりと検証しようとするプロの姿を垣間見ることができ、経営者の立場からメンバーの成長を実感していた。

ここで少し実際のグルインのやりとりを聞いてみよう。グルインはちょうど「創造生活21」の仮説である「都市生活者が楽しめるガーデニング」の仮説ボードを提示したところだ。

司会　今までいろいろお聞きしましたが、それではこんな商品があったらどうでしょうか？（仮説ボードを提示）

S　ベランダでガーデニング？　あっそれ面白いかも……（T、Kも同意）。

T　疲れて帰ってきた時にベランダの窓を開けたら目の前に、ばーっと緑が広がっていたら……すごいだろうね。疲れなんか吹っ飛んじゃうかな（笑い）。

S　私はベランダに鉢植えをたくさん置いているけど、エアコンの室外機から熱い空気がでてきて……あれって植物に悪いんじゃない（M、Rうなずく）。

T　そうなのよ。何かカバーみたいな、それでいてプランターのディス

|     |                                                                                                    |
| --- | -------------------------------------------------------------------------------------------------- |
|     | プレーみたいになっているとよいわよね。                                                             |
| P   | それより洗濯物を干しても外から見えないとよいんだけど……それと水やりがあるでしょう。あれはどうしたらいいのかな……。 |
| S   | 洗濯物なんだけど……外からはかっこよく緑が見えて、実は部屋からは洗濯物丸見え……なんて。ちょっと悲しいけど現実的にはいいよね！　見栄っ張りかな？（一同笑いながらもうなずく） |
| R   | この企画（仮説ボードを見ながら）はいいよね、ただホントにできるのかな……。                             |
| 司会 | どうして？                                                                                         |
| R   | だってベランダって、避難場所になっているからこんなのを置いたら、お隣に逃げられないし、お隣からクレームがきそうで心配です。（そうかー……とS、T） |
| P   | それとやっぱり私は水やりと、水をやった後の床が濡れるのがいやだな。                                 |
| 司会 | このラティスはいざという時、簡単に開閉するようになっているようですがどうですか？                   |
| R   | それならいいかな。（Tも同意）                                                                      |
| 司会 | 水の問題は大きいですか……皆さん。                                                                   |
| S   | 実は私のところは洗濯機を置いて、水もどんどん排水溝に流しているので問題はないんですよ。（P、Rも同じ） |
|     | それより風が吹いた時のほうが心配ですね。（ほぼ全員そうそうとうなずく）                             |
| 司会 | 通行人の頭の上に落ちるとか？                                                                       |
| T   | 特にうちは高層マンションなので絶対それは困りますね。しゃれにならないですよ。でもそんな危険がなかったら欲しいですね……こんな商品。 |
| Q   | あのー……ベランダもよいとは思うんですけど……。                                                     |
|     | ベランダから連続して部屋の中にも小さなお庭があるようなのはだめですか？                             |

司会　それはQ案のリビングや寝室でガーデニングを楽しみたいってご意見ですか？

Q　イメージなんですけど……ベランダと室内と垣根がなくて同時に楽しみたいと……。

T　あっ、いいわね。ベランダ・リビングガーデニング！

R　そこまでいかなくても、部屋の中に持ち込めるプランターっていうのはどうかしら？
　　ついでに今流行の「風水」なんて意識した色彩になっていたりするといいかも……（笑い）

Q　それと……自分一人で簡単に組み立てられるのと、デザインが選べるシリーズになっているといいと思います……。（そうそうと全員うなずく）

S　そうよね。このベランダガーデニングはいいと思うけど、今までのような安っぽいプラスチックのデザインは絶対許せないな!!（強い口調）

司会　どうして？

S　だってリビングからいつも見えるし、お隣からも見えるじゃない？センスが悪いと思われたくないでしょ？

R・T　やっぱり見栄っ張りだ（爆笑）

K　それといくらよくても価格が高くちゃね。（R、Tそうねー）

S　私は見栄じゃなくホントによければ少し高くても買っちゃいます。（きっぱり）

G　玄関先やカーポートガーデニングって、今までのガーデニングとどう違うんですか？

司会　説明によると狭い場所で楽しめるように、省スペースの立体的ガーデニンググッズのようですが……。

G　私の家は郊外の狭い一戸建てでカーポートと庭が兼用なんです。まるで私向けの商品のようで……（笑い）。

　こんな調子でインタビューというより、司会者の巧みなコントロールに

第3章 ● ヒット商品開発計画をつくろう

図4-1

## グルインの発言録は
## こんな形（表形式）にまとめると便利だ

**ここには司会の質問内容を書く**

**あらかじめ出席者の名前を席順に書いておく**

テーマ　　　　　　　年　月　日

| 質問＼発言者 | Sさん | Tさん | Kさん | Pさん | Mさん | Rさん | Qさん |
|---|---|---|---|---|---|---|---|
| こんな商品はいかが？（仮説ボードを見せる） | ベランダガーデニング面白いかも！ | | | | | | |
| | | 疲れて帰ってベランダ全体が緑！すごい！(笑) | | | | | |
| ベランダにお鉢植はエアコン室外機の熱で良くない？ | ベランダにお鉢植はエアコン室外機の熱で良くない？ | そうなの、何かカバーが欲しいディスプレーみたいな | | | 〃 | 〃 | |
| | | | | 洗濯ものが外から見えないようにしたいそれと水やりはどうするの？ | | | |
| 洗濯ものは外から見えず外観を気にする（一同笑） | | 〃 | 〃 | （一同納得した様子） | | 〃 | 〃 |

**速記して記入する**

**発言に対する他のモニターの反応を書く**

よって気の合う仲間のディスカッションの雰囲気で進められた。

「創造生活21」の提示した３つの仮説は修正と共にもっと深い考察が必要であるが、大筋で受け入れられそうであることが感じられ、メンバー全員ほっとした様子だった。

特に技術出身企画担当の榊原サブリーダーは会話にうなずきながら、「これはいいヒントになる」と呟きながら懸命にメモを取っていた姿が印象的であった。彼にしてみたら今まで営業が持ってくる販売店要望を聞き、半信半疑設計をしてきたのだった。直接にしかも生活の中から発言される情報は、大きな刺激になったに違いない。

グルインは司会者が時折入れる「なぜ」「どうして」という短い質問に触発され、いつの間にかターゲット同士で「そうそう」「そういえば……」「でも……」などと会話が弾んだ。時には脱線気味のシーンも見受けられたが、司会者の巧みなリードで本人さえも気がつかなかった考えや想いが言葉になり、予想以上の生々しい情報が得られた。メンバー全員、これがグルインの相乗効果なのかと実感した。

次の行程はＫＪ法（親和図法）で情報解析を行い、顧客ニーズを発見するというが、会話の中で顕在化した矛盾を解決して商品企画の基本方針をどのように築くのか、明日香リーダーは楽しみでメンバー全員の顔と２人のコンサルタントの顔を見やった。

## ＫＪ法（親和図法）で顧客の意見をニーズにしよう

ＫＪ法は、東京工業大学名誉教授・川喜多二郎氏が1964年に発表した発想法で、現実に起きている事象から新しい解釈を生み出していくための手法である。

グルインのまとめとしてこの手法を活用する。この手法は混沌とした会話の中から欲求の相関関係を発見し、それを元に定性的なニーズを把握しようとするものだ。

第3章 ● ヒット商品開発計画をつくろう

**実施手順＜図4-2を使用する＞**

手順1：発言記録を出席者別、質問（テーマ）別に要約し表形式にまとめる

手順2：発言記録（ＶＴＲ、テープ）を見聞きし、発言の流れや表情から発言内容の深層を把握する

手順3：表形式にまとめた発言内容を「カード」（ポストイット）に転記する。その場合重複した回答や、類似した発言はまとめてもかまわない

手順4：「カード」の表し方は、単語ではなく積極的、能動的で自分に訴えかけるような「志」を持った短い文章で表す

手順5：グルインの質問項目を、色や大きさが違うポストイットに記載し「表札」のように模造紙に貼る

手順6：「表札」に対して答えた発言の「カード」を「表札」の下に貼って質問毎の小さな「島」をつくる

手順7：一通り貼り終わったら質問を表した表札の意味を無視して、カード1枚1枚に書かれた意味の深層を数回読み返して「志」を読みとる。

手順8：次に同じ「志」を持っている「カード」同士で「島」を再編成し中型の「島」をつくる

手順9：中型の「島」に新しい表札をつける。その表札を表すには、何故新しい「島」ができたか、その意味をディスカッションして表すと良い。その「表札」の意味が生活者の潜在ニーズを表している

手順10：次に「島」と「島」の関係を「表札」と「カード」を見ながら、「島」同士の相関関係を読みとる。

　これは「島」ごとに点在する生活者の潜在ニーズを新しい解釈で関係づけることで、新商品開発の切り口を発見しようとするものだ

　この段階になるとグルインで得られた単純な発言が、生活者のニーズになって現れ始めるはずだ。

手順11：さらに「島」同士の「志」にジッと耳を傾け、相互に共通の「志」を持つ相関関係を発見して、それをグループ化し「大陸」をつくる

手順12：「大陸」と「島」の相関関係図を見ながら協議し、「大陸」の持つ意味についてディスカッションして「大陸」の「表札」をつける。

　この段階になると生活者のニーズが新しい解釈を伴って浮かび上がってくるはずだ

手順13：最後に「大陸」や「島」を表す「表札」の「志」についてディスカッションし、開発のテーマとして有望だと思われる複数の仮説にまとめる

　この手法は経験してみると一筋縄でいかないことがよくわかる。しかしあきらめずに繰り返し経験することで、初めて使いこなせる手法である。単純な発言から苦労して新しい解釈を生み出した時は、大変な喜びを感じるはずだ。そして商品開発の強力な武器になる。あきらめずに挑戦して欲しい。

### シミュレーション

　「創造生活21」は、グルインの発言情報をＫＪ法（親和図法）を活用して、コンサルタントの指導の元に開発テーマを探り出すこととなった。

　この作業はステップ２の最大の山場で、日常使ったことがない右脳と左脳の連携プレーが求められる。コンサルタントは今までの経験から「相当今回も苦労しそうだな」と予感し、日常業務から隔絶した環境で、一定時間集中して行うことが効果的であることを明日香リーダーに進言した。

　明日香リーダーはコンサルタントの提案を聞き入れ、電話連絡の届かない社外の施設で実施することとしたが、費用よりも６人の社員を１日拘束することについて、兼任で認めさせた所属長から苦情が出ることの覚悟が必要だった。しかし案外すんなり社内のコンセンサスがとれ、会社から少し離れた自然環境のよい公共の宿を予約し、金曜日の午後から土曜日の午前中にかけて合宿を実施することとした。これも役員を交えた社員研修の賜だなと感じていた。

第3章●ヒット商品開発計画をつくろう

図4-2

## KJ法はこんな手順で進める

●いきなりうまくはいかないが、あきらめず何回でもチャレンジしよう！
●カードを何回も声を出して、その「志」に迫ろう
●カードの集まりの島や大陸の持つ意味の新解釈をしよう

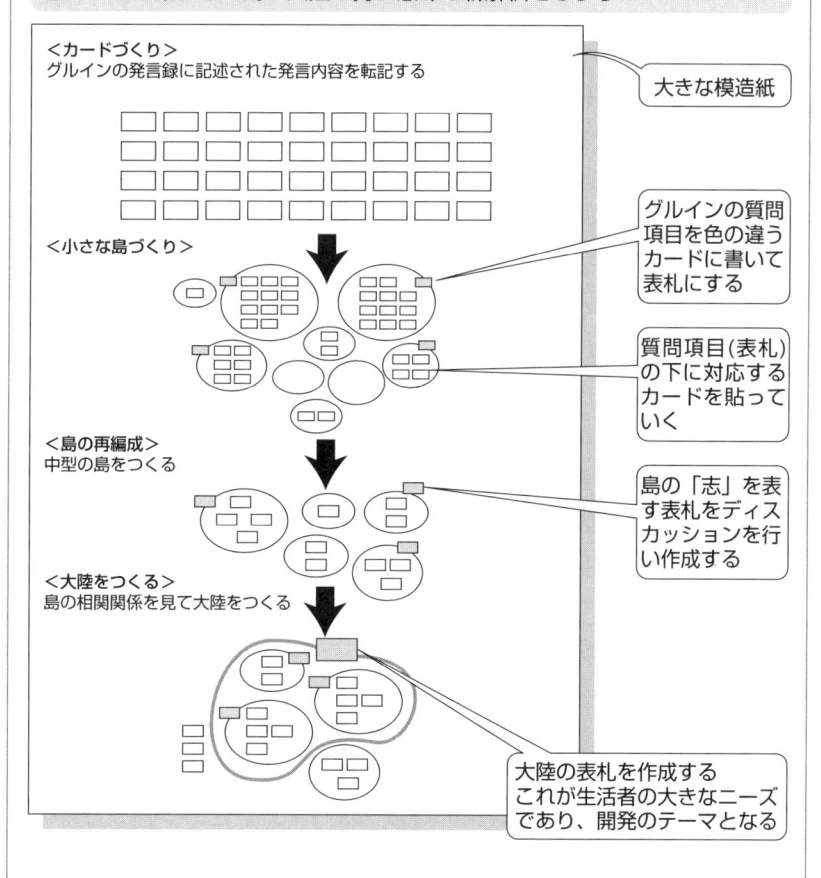

＜カードづくり＞
グルインの発言録に記述された発言内容を転記する

大きな模造紙

＜小さな島づくり＞

グルインの質問項目を色の違うカードに書いて表札にする

質問項目(表札)の下に対応するカードを貼っていく

＜島の再編成＞
中型の島をつくる

島の「志」を表す表札をディスカッションを行い作成する

＜大陸をつくる＞
島の相関関係を見て大陸をつくる

大陸の表札を作成する
これが生活者の大きなニーズであり、開発のテーマとなる

(1) 初めての合宿
　秋の気配が漂う海にせり出した高台のホテルに集合したメンバーは、いつもと違う場所で何となく緊張気味である。早速太平洋が一望に見渡せる会議室の大テーブルに模造紙を広げると準備完了だ。
　高嶋コンサルタントからＫＪ法の実施手順を解説された後に、佐藤からグルインの結果確認がなされ、榊原サブリーダーの発言で開発会議が開始された。最初はぎこちなかった会議も最近はうまく回転している。全員にポストイットが手渡され各自発言記録のコピーを見ながら、自分の担当した対象者の発言を転記することから作業を開始する。
　１時間ほどでカードづくりの作業が終了。
榊原サブリーダー：「それではこれからＫＪ法を使って発言を解析していきます」
　発言を合図に次の作業が開始された。
佐藤：「**最初は質問事項の表札をつくって、その下に今書いたカードを貼っていけばいいんですよね**」
　そういいながら手早くテーブルの真ん中に大きな模造紙を置いた。ここまでは左脳的作業のため難の障害もなく順調に進む。30分ほどで模造紙一杯に発言録の内容が整理された表ができる。
高嶋コンサルタント：「**次は表札の意味を無視し、カードの志にジッと心の目を傾け、グループの再編成をします**」
榊原サブリーダー：「**せっかくつけた表札とカードの関係を無視すると、質問に対する生活者のニーズが見えなくなりませんか？**」
高嶋コンサルタント：「それは心配ありませんよ。グルインの発言録にしっかり残っていますからね。それにこの状態はただ主催者側の質問に答えた消極的で受動的な意見でしかないと考えるべきで、まだ積極的な欲求を表しているとは言えないよね。ここでは改めてカードが持つ意味をより深く突っこんで、発言者の深層に迫ることで願望を発見しようとしているんだよ。そのためにも長く複数の意見を持った発言録は、発言を細分化し意見ごとに１枚のカードにつくり直

第3章 ● ヒット商品開発計画をつくろう

図4-3

## ①とにかくひたすら発言内容をカードに転記しよう

| | | | |
|---|---|---|---|
| 品質に見あえば高くてもいい | 組立簡単が条件!! | 一年中楽しみたい | 日当りの具合が心配だ |
| 安い方がいい | ワンセットでツリーのように飾りたい | クリスマスツリーのように飾りたい | 風が心配 場所をとるのは大丈夫? |
| 洗濯ものを見せたくない | 自由に組替えができるといい | 場所をとるのはイヤゲ | 植物の育て方情報が欲しい |
| 安っぽいのは絶対にイヤゲ | ベランダ全体が森!! | 掃除が大変でコンテストなんか面白い | コンテストなんか面白い |
| 避難場所ルートの確保 | 部屋の中にも緑が欲しい | エアコンの熱が植物に悪い | センスがいいと思われたい |
| デザインバリエーション | 移動できるといいネ | 水やりは床が汚れる | 風水ガーデニングに関心? |

＜ディスクの発言内容の一部＞

● カードの表現はひとつの内容につきひとつのカード

● 表現方法は、積極的に意志が込じられる表現にする。「志」が伝わるようにという意味だ

● メンバーが見やすいように、中太のサインペンなどではっきり書くこと

　　　　したし、意志が伝わりにくい発言は心に訴え志を感じる表現に変え
　　　　てもらったわけです」
田中：「まるで心理学者か探偵のようですね」
高嶋コンサルタント：「そう、その通りだね。発言録は重要なニーズを表
　　　　す情報には違いないけれど、個人事情の意見でしかなく、企業とし
　　　　てはこの中から生活者の共通ニーズを発見しなければならないわけ
　　　　です。その点からいうと田中君が言った通り、これからみなさんは
　　　　**生活者さえも気がつかない、潜在的願望を探る心理学者になるんで
　　　　す**」
　半信半疑だが頭の中では整理ができたメンバーは、一番苦手な右脳的作
業に入っていった。
　「島」を崩すのを恐れていたメンバーは、すっかり右脳的探索に夢中に
なって「島」をどんどん組み替え始めた。2時間ほど経って、何となく今
までと違う解釈を持ちそうな「島」が形成されてきた。
榊原サブリーダー：「こんなくくりの島ができたのですが」
榊原サブリーダー：「今までは、ベランダやリビングでも楽しめるベラン
　　　　ダ、リビングバリアフリーガーデンという解釈の島と、水やりや掃
　　　　除がしにくいガーデニングの不満という解釈の島があったのです
　　　　が、不満や不安などネガティブな考をポジティブな欲求に転換する
　　　　と移動できるといいねというカードが浮かび上がってきました」
高嶋コンサルタント：「それで」と次の答えを催促する。
榊原サブリーダー：「つまり、その2つの島を移動するというカードでつ
　　　　なぐと共通の表札にムービングガーデンといった大きな島ができま
　　　　す」
高嶋コンサルタント：「よくたどり着いたね。ガーデニングの不満を移動
　　　　できるガーデンセットみたいな考えで解決すると、メンテナンスが
　　　　しやすく不満を解決できるばかりか、ベランダからリビングにも移
　　　　動したいといった発言されていた欲求も、同時に満足させることが
　　　　できる、というわけだね」

図4-4

## ②小さな島づくり、質問項目を表札にして、その下にカードを貼ろう

| 質問項目 | 発言カードを代表する気分でまとめてみた。ここで終わってはいけない！ | 質問に答えた発言カード | | | | | |
|---|---|---|---|---|---|---|---|
| 価格は？ | お得感のある価格 | 品質に見あえば高くてもいい | 安っぽいのは絶対にイヤダ | 安い方がいい | | | |
| 機能などは？ | 楽チンな方がいい | 場所をとるのはイヤダ | 組立簡単が条件!! | 自由に組替えができるといい | ワンセットでそろうと嬉しい | | |
| どこで楽しむ？ | ベランダリビングのバリアフリー | ベランダ全体が森!! | 移動ができるといいネ | 部屋の中にも緑が欲しい | | | |
| 不満や不安は？ | ガーデニングの不安不満 | エアコンの熱が植物に悪い | 掃除が大変では？ | 水やりは床が汚れる | 風が心配大丈夫？ | 日当りの具合が心配だ | 避難場所ルートの確保 |
| いつ楽しむ？ | 1年を通して楽しみたい | 一年中楽しみたい | クリスマスツリーのように飾りたい | | | | |
| その意見は？ | 他人に見せたい | デザインバリエーション！ | コンテストなんか面白い | センスがいいと思われたい | 洗濯ものを見せたくない | | |

新しいアイデア

- 植物の育て方情報が欲しい
- 風水ガーデニングに関心？

■ＫＪ法の失敗は、この段階で分析を終了してしまうことだ。これでは何の新しいニーズも発見できない

榊原サブリーダー：「そうです。こんな考えでいいでしょうか？」

とやや自信を取り戻したようである。

高嶋コンサルタント：「**立派です。この調子で頑張ってみましょう**」

勇気づけられたメンバーは、ＫＪ法のコツを獲得したと見えてその後の分析は順調に進んでいった。

「島」の組み替えを一通り終了すると、今度は島同士の相関関係のある「大陸」をつくり、開発の仮説（テーマ）を再設定することになった。

まず「楽ちんな方がいい」という「島」をガーデニング初心者の願望を叶えるために、より積極的に「買って即！　ベテランガーデナー」という表札に変え、もう一方の「１年を通して楽しみたい」と「他人に見せたい」という「島」を、ターゲットの心理をくすぐる「自慢の庭をお見せします」という表札をつけた。

高嶋コンサルタント：「なかなかディンクスの心をくすぐるよい表札だな…」

と作業を満足して見つめていた。いよいよ「大陸」づくりに入った。

佐藤：「**先生、ムービングガーデンを最上位概念にして、その下に『買って即！　ベテランガーデナー』と『自慢の庭をお見せします』を置いて、この３つで大陸をつくっていいですか？**」

高嶋コンサルタント：「どうしてこの３つの島を大陸にしたのですか？」

佐藤：「**流行に敏感でちょっと見栄っ張りの忙しいディンクスが、簡単にベテランガーデナーのようにガーデニングを楽しみたい……**」

田中：「**それをワンセットの動かせる立派な庭……だろ？**」

高嶋コンサルタント：「**いいね。どうですか明日香リーダー**」

明日香リーダー：「**こんな解釈が企画未経験の社員でもできるのですね**」

山崎：「**脇屋さんと話をしていたのですが、もう少し違う視点で見ると、植物の育て方を知りたいという発言とコンテストなんか面白い、センスがいいと思われたいを結ぶと全く違ったことが連想されるのですが……**」

高嶋コンサルタントが興味深げに意味を尋ねた。

第3章 ● ヒット商品開発計画をつくろう

図4-5

## ③島の再編成をしよう！こわがるな！新しい解釈を目指そう

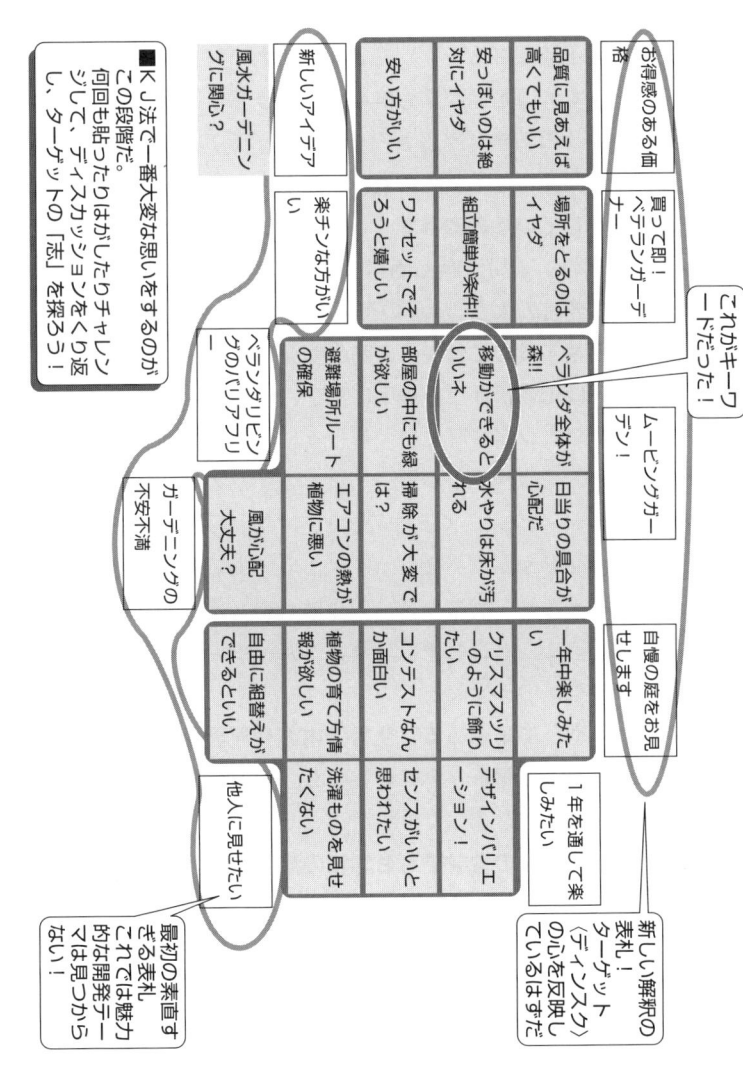

■KJ法で一番大変な思いをするのがこの段階だ。何回も貼ったりはがしたりチャレンジして、ディスカッションをくり返し、ターゲットの「志」を探ろう！

**お得感のある価格**
- 品質に見合えば高くてもいい
- 安っぽいのは絶対にイヤ
- 安いほうがいい

**買って即！ベランダガーデナー**
- 場所をとるのはイヤ
- 組立簡単が条件!!
- ワンセットでそろうと嬉しい
- 楽チンなほうがいい

**新しいアイデア**
- 風水ガーデニングに興味？

**これがキーワードだった！**

**ベランダビングのバリアフリー**
- ガーデニングの不安不満

**ムービングガーデン！**
- ベランダ全体が森！！
- 日当りの具合が心配だ
- 移動ができるといいネ
- 部屋の中にも緑が欲しい
- 避難場所ルートの確保
- 掃除が大変では？
- 水やりは床が汚れる
- エアコンの熱が植物に悪い
- 風が心配大丈夫？

**自慢の庭をお見せします**
- 一年中楽しみたい
- クリスマスツリーのように飾りたい
- コンテストなんか面白い
- 植物の育て方情報が欲しい
- 自由に組替えができるといい
- 他人に見せたい
- デザインやディスプレーション！
- センスがいいと思われたい
- 洗濯ものを見せたくない

**1年を通して楽しみたい**

**新しい解釈の表札！ターゲット（ディスカス）の心を反映しているはずだ**

**最初の素直すぎる表札これでは魅力的な開発テーマは見つからない！**

脇屋：「あのー……、明日香はモノを売るだけじゃなくて情報を添えて行ったり、コンテストなどのイベントを通じてお客さまとのコミュニケーションをとっていくことで、この商品の独自性になるかなって……」

田中：「そうだよ！脇屋さん、いいことを言うね。インターネットでやろう！　そうすれば販促効果も倍増だ。そうでしょ社長」

明日香リーダー：「山崎君、脇屋さん、よいアイデアだね。先生ともずいぶん前から話題にしていたのだが、**これからのメーカーはモノだけ市場に提供しているのではなく、その背景のコトを提供しなければ生き残れない。結局は商品価格の際限のない競走になってしまう。そこで今の発言のような、そのモノを買わなければならない状況や、必然性を用意するのこれからの商品開発ですね**」

明日香リーダーは思いがけない提案に喜び、熱の入った発言になったが、メンバー全員深く頷きながら肝に命ずるように聞いていた。

作業は5時間ほどで区切りがつき、一応グルインの発言内容の因果関係を表す相関関係図が1グループ分完成した。メンバー全員日頃なれない思考の作業を行ったせいか、やや疲れ気味のようであるが、頭がさえてこのままでは眠れそうもなく、食事を挟み学生時代のような合宿の「のり」でしばらく作業を進めることにした。残り2グループのグルイン結果をまとめ終わったのが深夜の0時だった。

田中：「でもこうやってまとめると発言の内容や原因がしっかり把握出来るから、発言の裏側がみえてくるなあ」

と感心するように実感を込めて言った。

明日香リーダー：「普段の営業でもお客様の意見を鵜呑みにしないで、もう少し分析してから企画部門に情報提供してくれればな」

高嶋コンサルタント：「まとめ方はこのほかに系統図法（グリッド図）という手法で、ツリー構造に整理して解析する方法もあるよ田中君」

佐藤：「それじゃ先生、その手法でもっと顧客のニーズに迫ってみましょう」

第3章●ヒット商品開発計画をつくろう

図4-6

**④島と島をつなぎ新大陸をつくろう！ そこは魅力的新商品大陸だ！**

| | | | | |
|---|---|---|---|---|
| お得感のある価格 | 買って即！ベランダガーデナー | | | |
| 高くても品質に見あえば | 場所をとらないのはイヤ | ムービングガーデン！ | | |
| 安っぽいのは絶対にイヤ | 組立簡単が条件!! | ベランダ全体が森!! | | |
| 安いほうがいい | ワンセットでそろえば嬉しい | 日当りの具合が心配 | 購入したその日から「あなた」はベランダガーデナー！「窓を開けるとそこは四季のミニチュアガーデン」! |
| 新しいアイデア | ベランダリビングのバリアフリー | 部屋の中にも緑が欲しい | 移動ができるといいね | 一年中楽しみたい |
| 風水ガーデニングに関心? | 楽ちんなほうがいい | 避難場所ルートの確保 | 掃除が大変では? | クリスマスツリーのように飾りたい |
| | ガーデニングの不安不満 | エアコンの熱が植物に悪い | 枯れやすいのは困る | デザインバリエーション！ |
| | | 風が心配大丈夫? | 植物の育て方情報が欲しい | コンテストなんか面白い |
| | | | 自由に組替えができるといい | セレブものを見せたい |
| | | | 他人に見せたい | 洗濯ものを見せたくない |

大陸の志を表わすとそれが開発テーマになる！

自慢の庭をお見せします

1年を通して楽しみたい

今までの表札は大切にしよう

これは商品のアイデアになった新機能を引き出す重要なキーワードだ

これが新商品開発テーマの大陸だ！これからこのキーワードを手がかりにアイデア発想をすることになる！

■KJ法の長い航海を終えて、新しい新天地を発見すると、改めてKJ法の素晴らしさに気がつくはずだ。
■何回もチャレンジして馴れてくると、次々と新しい解釈が発見される。そのどれも正解であり、そのうちのどの仮説を選択するかによって、新商品の性格が変わってくる。だから世の中に多くの商品があふれるわけだ。

深夜にも関わらず活発なプロジェクトの会話が続いていく。今夜はＫＪ法でひとまずグルイン結果を分析し、明日午前中に新しい仮説を設定することとした。

明日香リーダーの計らいで軽い夜食とビールで労をねぎらいさえ切った頭を沈静化させ、また明日の創造的なワーキングに備えることとした。「こんな充実した時間は久々だ……」明日香リーダーは思った。きっとメンバー全員同じ気持ちを共有したに違いない。

(2) 新しい仮説・開発テーマの設定

翌日の午前中の仕事は、ＫＪ法の結果を元に仮説を見直すことで生活者ニーズを明確にし、開発テーマを決定することであった。

ここで再度グルインに提示した仮説を確認してみよう。

```
P案　ベランダや出窓でガーデニングを楽しむ
Q案　リビングや寝室でガーデニングを楽しむ
R案　玄関先やカーポートでガーデニングを楽しむ
```

榊原サブリーダー：「どうだろうこのＫＪ法の分析結果を検討すると、都市型生活者のニーズはほぼベランダガーデニングのプランに好意的に見えるが……」

佐藤：「確かにそうですね、でもターゲットの年齢が上がると共に玄関先やカーポートでガーデニングを楽しみたいという意見が多くなっていますね」

山崎：「それはできることなら、ガーデニングは外で楽しみたいという願望じゃないでしょうか」

脇屋：「私は直接グルインを聞いていたのですが、独身のＯＬさんはリビングで緑を楽しみたいという気分もあったような気がしました」

田中：「困ったな、それじゃ意見がまとまらないぞ」

佐藤：「そんなに意見が違うわけではないと思います、田中さん」

田中：「どんな風に？」

佐藤：「ガーデニングは基本的に広い庭があれば本来外で楽しみたいと言っていますよね。それと同じようにＯＬたちだってそうしたいのですが、マンション住まいでＲ案は無関心。Ｐ案のベランダガーデニングに惹かれながらも、毎晩おそく帰ってくるからベランダを空けて楽しむ余裕もない。だからリビングガーデニングに惹かれる。こんな解釈じゃないでしょうか」

高嶋コンサルタント：「なかなかよい分析だね佐藤さん、ＫＪ法の読み方はそのように表に出た言葉をそのまま鵜呑みにするのではなく、発言の裏に隠された理由や本人も気がつかない潜在的な意識にまで迫ることなんだよ」

とアドバイスした。

田中：「そおーかなるほど。でも佐藤さん、それにしてもＯＬって夜遊びばかりしてるんだね」

佐藤：「田中さん、私に残業を押しつけお帰りになるのはどなたでしたっけ？　ねえ脇屋さん」

脇屋：「それと女性の一人暮らしは最近物騒なんですよ」

山崎：「ずいぶん今の話でよいアイデアの素が出たような気がするのですが……たとえば、普段は寝室で楽しんで休日はベランダで楽しむ移動式のミニチュアガーデンセットとか……」

田中：「仲間のおしつけで帰りが遅いＯＬさんが、夜も楽しめる照明付きガーデンセットなんかで許してもらえるかな……」

全員大笑いして和やかに開発テーマの設定が進んでいった。

高嶋コンサルタント：「ところで皆さん、メインターゲットはどうしますか？」

田中：「グルインにかけたターゲット３組が顧客になるのじゃないですか？」

高嶋コンサルタント：「ＫＪ法の結果もその３組全部が同じ気持ちで、ベランダガーデニングに興味を示しているかな？」

田中：「僕は営業だからできるだけ多くの顧客が欲しいのですが……そう

ですね、確かにＫＪ法の結果では、ターゲットＢのディンクスが一番興味を持っていますね」
高嶋コンサルタント：「よいところに気がついたね田中君。研修でも言ったように誰にでも売れる商品はないね」
榊原サブリーダー：「先生がいつもおっしゃっているように徹底してターゲットを絞り込んでいきましょう」
田中：「ディンクスの生活を徹底して楽しくさせるベランダガーデニングか！」
高嶋コンサルタント：「誤解しないで欲しいのはターゲットＣの独身ＯＬとターゲットＡの欲求も、メインターゲットＢディンクスのニーズに反しなければ、積極的に取り込んでよいんだよ」

　意見がまとまり、榊原サブリーダーの指示の下に、次のような開発のテーマと開発のキーワードを設定し、ブロック４の生活者（顧客）ニーズの把握シートに記載した（図4-7参照）。

---

**開発テーマ**

**「窓を開けるとそこは四季のエンジョイベランダガーデン」**

　場所がない。時間がない。特別な知識もない。そんなことでせっかくのガーデニングをあきらめかけていませんか？　ASUKAのベランダガーデニングは、思い立ったその日から、簡単にリッチなガーデニングが楽しめます。購入したその日から「あなたは」ベテランガーデナーです。

---

**開発キーワード**

　① ベランダがそのままリッチな庭になる
　② ベランダにマッチする多様なテイストデザイン
　③ 買い足していくことで発展するシステム設計
　④ ベランダとインテリアの垣根のないフレキシブルガーデン
　⑤ 女性１人でも簡単に組み立てられるイージーガーデン
　⑥ 移動が簡単でお掃除やメンテナンスが楽々

## 中心ターゲット

都市型生活者でガーデニングに興味を持っているが、ガーデニングの経験がなく、それでもいきなりベテランのようなガーデニングを楽しみたい。自慢したい。流行に敏感なダブルインカム（子供なし）が中心ターゲット。

## 周辺のターゲット

同じく忙しく働く独身ビジネスウーマンとカーポートや玄関先で移動式ミニガーデンを楽しみたい主婦。

　開発テーマを書き終えると明日香リーダーに承認を求めた。
榊原サブリーダー：「この方向で進めてよいでしょうか」
明日香リーダー：「先生、私はなかなか面白いテーマが設定できたと思うのですが、いかがですか」
高嶋コンサルタント：「ＫＪ法初体験にしてはすばらしい開発テーマを探り出したと思います。そして、明日香さんの新しいモノづくりに関する提案もありました。満点以上だったと思います。次のステップ３では今設定した開発のテーマをアイテム化するために、開発のキーワードを課題にして、さまざまな発想法を使いアイデア開発をします」

　昨日は作業が深夜にまで及んだが、メンバー全員が納得する成果を得て計画した作業を消化した。昼食を済ませ、海岸線に沿うように続く道を心地よい疲労感を楽しみながら、明日香リーダーは、少し無理しても会社から離れプロジェクトが寝食を共にし集中的に作業をする重要性を実感していた。「それにしても確実に進歩しているな」と思わず呟いていた。

図4-7

CD-ROM スライド番号 ⑥

**STEP-2 商品開発計画段階**

## ブロック4　生活者（顧客）ニーズの把握

○○ 年　○ 月　○ 日
氏名

開発テーマ（プロジェクト名）　**創造生活 21 プロジェクト**

---

ステップ1での開発テーマ（大方針）

**都市生活者（マンションライフ）が楽しめるガーデニング用品**

---

グループインタビューで得た知見

- ガーデニングには興味あるがヒトに聞きながら一からやるのはイヤ。すぐベテランの領域に達したいと考えている。
- 部屋の中には観葉樹がありそれだけではあきたらなくなっている。
- 安っぽいプラスチックでは満足しない。ワンランク上の品質を求めている。
- 水やりやメンテナンスが簡単であればと考えている。
- 買ってすぐ楽しみたいと考えている。

詳しくはグループインタビュー資料を参照

---

KJ法による解釈

- 特別な知識が無くても植物が育てられるようなガーデニングキットがほしい。友達や近所に自慢したいと考えている。
- ベランダと室内を移動する。あるいは着脱でき両方で楽しみたい。
- 様々なテイストのデザインや素材感の中から選びたいと考えている。
- ベランダの掃除や植物のメンテナンスが簡単であって欲しいと思っている。
- ベランダでリッチなガーデンライフを楽しみたいと思っている。

詳しくはKJ法資料参照

---

生活者ニーズから発想した開発テーマ

「窓を開けるとそこは四季のエンジョイベランダガーデニング」

- 庭のないマンションライフの生活者がベランダでガーデニングを楽しめる
- 買ったその日からガーデニングが楽しめる組立簡単なガーデニングキット

詳しくはグループインタビューとKJ法資料を参照

---

ニーズを持っているターゲット

- 都市型生活者（マンションライフ）で、夫婦で働き比較的可処分所有が多い。（年収 1,000 万円）
- 年齢は 30 代前半で苦労せず自然を楽しみたいと考えている。ハーブ育成に興味があって料理に利用している。
- 自分のホームページでジマンのガーデニングを披露

第3章●ヒット商品開発計画をつくろう

STEP-2
ブロック
## 5 モノ 自社シーズの応用と展開

　このブロックは、ブロック4で発見された生活者（ヒト）ニーズを実現するために、必要とされる自社シーズ（モノ）をはじめとした経営資源を、いつでも応用展開が可能な状況に整えておくことである。必要に応じて社外からの技術導入や共同開発・販売など他社とのコラボレーションなどもこの時点から検討すべきである。しかし生活者の欲求を満足させると共に、企業利益獲得が目的である以上、経営上大きすぎる投資や外部依存は慎重にすべきであることは言うまでもない。

**実施手順＜図5-1を使用＞**
**手順1：ガーデニングに関する植物育成の知識の収集**
　　ガーデニングの基本は植物の管理育成にあり、それらの基本知識を収集する。また植物についての基本的情報、流行や傾向なども調査しておく。
**手順2：ガーデニング用品の開発製造技術と設備の確認と整備**
　　ガーデニング用品を開発するに当たり、必要な技術や設備を確認し対応を検討しておく。
**手順3：住宅（ベランダ）環境調査と関連法規調査**
　　ベランダ環境（スペース・素材・構造・環境など）を確認すると共に、注意すべき関連法規などあれば調査する。
**手順4：その他　新技術や新素材などを調査しておく**
**手順5：調べた結果をノートにまとめる**

### シミュレーション
　「創造生活21」では独自の調査シートを作成し、担当ごとの役割分担に基づき早速調査を開始することとした。従来の開発と違って自分たちの判

断で開発テーマを設定し、グルインで顧客の反応を直接聞いたメンバーは、調査の意味や意義がはっきりわかり活発な意見が交換されている。

榊原サブリーダー：「それではブロック5の調査担当者を決めよう」

山崎：「僕が製造の事情を一番わかっているから、2と4の技術や設備に関する項目は担当します」

田中：「それじゃ僕は3のベランダ関係を担当するよ」

　問題は1のガーデニングに関する植物育成の知識の収集だ。

高嶋コンサルタント：「この情報は今後の明日香樹脂さんにとって最も重要な知識になるよ」

田中：「え、どうしてですか？　明日香はメーカーですから調査項目2の技術が一番大切なんじゃないですか」

高嶋コンサルタント：「設備や技術はもちろん重要だけれど、今回のテーマはガーデニングだね。たとえば植物を育てるために必要な水と光と空気の関係など深く知っていれば、ガーデニング入門者でも失敗しないプランターが製造できるじゃないか」

田中：「そうですね！　僕たち営業にとってそんな製品ができたら、元気に育つマジックプランターなんてネーミングをつけて、どんどん売ってしまいますよ」

高嶋コンサルタント：「いいことを言うね。それは他社にない圧倒的な差別的優位性を持つ商品コンセプトそのものになるわけだけれど、プロジェクトの皆さんはそんなアイデアを発想できるようになるためにはどうしたらいいと思いますか？」

榊原サブリーダー：「そうですね……ガーデニングを楽しむ知識というか、モノをつくる技術以上にそんなガーデニングそのもの……情報ではなくやっぱり知恵のようなモノが必要じゃないかという気がしています。違いますか先生」

高嶋コンサルタント：「そうなんだね。プロジェクトが、いやこれからの明日香さんが一番大切にしなければいけないのが知識型開発なんですよ。特に生活日用品の開発者は技術と同様に、主婦以上に生活を

第3章●ヒット商品開発計画をつくろう

図5-1

**STEP-2　商品開発計画段階**

## ブロック5　自社シーズの応用と展開

○○ 年　○ 月　○ 日
氏名

開発テーマ（プロジェクト）**創造生活21 プロジェクト**

| ベース技術 | 応用展開 |
|---|---|
| ●精密射出成型技術<br>●日用品の大量成型ノウハウ<br>●組立技術<br>●インサート、アウトサート技術<br>●シルク印刷技術 | ●精密射出成型技術を応用して、ブロー製品部とインジェクション製品部の着脱構造実現に活かす<br>●高品質感を演出するための精密成型技術を応用<br>●日用品の大量成型技術と組立技術を活かして価格競争力を実現 |

| ベース設備 | 応用展開 |
|---|---|
| ●射出成型機80t～350t<br>●ブロー成型機一式<br>●シルク印刷機一式 | ●射出成型機80t～350tの既存設備を流用する（ラティス・小物オプション）<br>●ブロー成型機は既存設備を流用（プランターの成型）<br>●シルク印刷機ブランドマークの印刷 |

| 導入技術（情報） | 応用展開 |
|---|---|
| ●植物の育成についての基本情報<br>●マンション、戸建住宅のベランダ、出窓などに関する情報と法規調査 | ●植物育成に適した構造のプランター設計を行うための情報応用<br>●製品基本構造や形状、サイズなどの決定をする上でベランダ環境を把握する |

| その他 | 応用展開 |
|---|---|
| 表面処理、仕上げに関する技術 | 樹脂の安っぽい表面を、新しい表面処理技術などで、多様な表現を演出することを検討する |

115

　　　　**快適にする細やかな知識を持つべきだね。たとえば今回はガーデニ
　　　　ングのオーソリティーが誕生するとか……」**
　高嶋コンサルタントの言葉に全員深くうなずいた。佐藤と脇屋が相談した。
脇屋：「それでは私たち2人でその**調査を担当させていただきます。でき
　　　たら明日香のガーデニング博士を目指しまーす」**
　積極的に会議が進行し、その後調査シートを作成し次回のミーティング日程を確認して散会した。
　今回採用している開発手法は、ヒト・モノ・バ3要素のマクロのトレンドをミクロ化する段階的な開発手法だ。モノの要素もブロック2は社外シーズの現状を確認するマクロ的な把握であったが、このブロック5は、その中から開発に必要なシーズを整備するといった具合にミクロ化を行う合理的なものだ。
　従来はともすれば開発の最終段階になって、自社のシーズに合わないことが判明し急遽商品企画のやり直しをせざるを得ない状況になるなど、開発と生産部門とのコミュニケーション不足や、自社流通ルートと無縁な企画が横行するなど、効率の悪い開発が行われがちだった。明日香リーダーは、今までにないよい成果が得られそうな感触を得ていた。
　明日香リーダーは高嶋コンサルタントの言った「知識型開発」に強い興味を持った。今度ゆっくり先生と明日香の開発スタンスについてお話を聞こう……と思っていた。

第3章●ヒット商品開発計画をつくろう

## STEP-2 ブロック
## 6　バ　市場でのニーズ確認

　このブロックは市場を観察して生活者のニーズの確認を行う。一般的には自社の有望取引先に対して、営業などを通じ顧客情報収集を働きかけるが、往々にしてすでに販売されている商品の品質や価格、納期などに対する販売先からの苦情や要望が返ってくるのがせいぜいである。

　ここでは漫然と顧客情報を収集するのではなく、ブロック4で発見された生活者（ヒト）のニーズを念頭において、関連する商品が販売されている市場観察を行うことで、より深く生活者のニーズを理解し有望な開発テーマの設定に役立てようとするものだ。

　生活者ニーズは実際の店頭や商品構成と顧客の消費動向を観察することで、より鮮明に実感を伴い見えてくる。観察は対象とする生活者（ターゲット）が消費行動を起こしている「街」全体を観察するタウンウオッチングや、関連する商品を販売している店頭を観察するショップウオッチングを行う。

　市場の設定は、消費のトレンドを牽引する先端のタウンウオッチングから、対象とする実際の販売現場の観察まで幅広く行うことが重要である。

　市場は生活者の「欲求」とメーカーの「思惑」が出会う場所であり、市場自体も両者の間に立って積極的な「仕掛け」を行っている。その「仕掛け」をマーチャンダイジングと言い、その役割は商品政策的な観点から顧客分析を行い、流通販売の立場から自らが取り込むべき顧客の望む商品の調達、そして販売に関わるいっさいの管理を行うことである。

　言い換えれば市場自体が商品のニーズを持っていることになり、商品の品揃えなどを観察することで対象とする市場の商品政策が予測される。それらは市場側から生活者ニーズを再確認することに役立つばかりか、ステップ4の市場導入計画の基礎的情報として活かされる。

**実施手順＜図6-1を使用＞**
**手順1：調査対象先を選定する**

　調査先は生活者の欲求を喚起するような、新しい消費のトレンドリーダー的な街や先端ショップや、ブロック4で明らかになったニーズに関わる商品が実際に販売されている市場。または積極的に売り込みたいと考える市場等が考えられる。

**手順2：調査対象先の情報を収集する**

　先端ショップや新しく開発されたショッピングタウンなどは雑誌やホームページなどによって、情報が公開されていることが多い。またはインターネットによって事前情報を収集する。

**手順3：調査スケジュールを設定する**

　対象者の生活スタイルと消費行動パターンを分析し、対象者が実際に買い物にくる調査実施曜日や時間帯を設定する。

**手順4：調査内容を検討する**

　街全体の構成や集まる消費者層の分析、ショップの商品構成、価格帯など、調査内容を検討し項目として整理する。

**手順5：調査シートを作成する**

　調査担当者による情報の質や量のばらつきを防ぐと共に、調査後のまとめを確実に行うためにあらかじめ調査シートを作成する。

**手順6：調査を実施する**

　調査計画に基づいて調査を実施する。

**手順7：調査結果をまとめる**

　調査結果をまとめて、ブロック4で発見された生活者ニーズの関係を検討し、ニーズの確認を行う。

## シミュレーション

　「創造生活21」では、プロジェクト全員で市場調査を実施することとなった。実施手順の解説を高嶋コンサルタントから受けた後、各々用意した事前資料を持ち寄りディスカッションが始まった。

第3章 ● ヒット商品開発計画をつくろう

図6-1

CD-ROM スライド番号 8

**STEP-2　商品開発計画段階**

## ブロック6　市場でのニーズ確認

年　　　月　　　日

氏名

開発テーマ（プロジェクト名）**創造生活 21 プロジェクト**

---

**調査先（エリア・ショップ）**
### 東京近郊の○○○ホームセンター

---

**調査の目的と狙い**
　ターゲットである都心に通勤するデインクスが多く在住するニュータウンでの消費動向調査と品揃え

---

**調査事項**
- ガーデニング用品の品揃え、ボリュームゾーン、競合他社のポジショニング
- ガーデニングに興味を示す生活者の動向

---

**マーケット特性（ターゲット、エリア特徴、ショップ特徴など）**
- 比較的若い層が住むエリアのためショップ内にティルームを設けくつろいでいるDINKSらしきカップルも多く見られた。
- 海外からのシャレたグッズも多く、イングランド風のガーデナーウェアやメンテナンスキットなど目新しい品揃えが目立ち、ガーデニングの楽しみ方の提案を積極的に展開

---

**商品構成**
- ガーデニング用品は充実、特に鉢物の種類は樹脂、木製、テラコットなど多様な素材とデザインが多い。
- 店内の一カ所でガーデンコーナーを設けて多様なガーデニングスタイルのシミュレーションを行いお客が熱心に商品を選定していた。

---

**宣伝告知販売の方法**
- 店頭はのぼりなどが主体（ガーデニングフェア）　　　　　　　　　D 社
- 店内は POP を主体とした販促ツール　　　　　　　　　　　　　　S 社
- 一部花の種が商品にオンパックされインセンテブプロモーション展開あり　F 社

---

**得られた知見**
　ガーデニング用品は鉢、プランター , ラティスなど商品種別で販売されており、お客は売場を回って 1 点づつ購入しなければならない。当社のベランダガーデニングはセットタイプであることから一括展示が可能で訴求力があると思われる。しかしベランダガーデニングの商品カテゴリーは存在しないため販促キットなどによる市場啓蒙が必要である。

佐藤：「今回の調査は私と脇屋さんがメインで担当します。理由は私たち女性の方が何かとタウン情報に詳しそうですし、ショッピングは得意技ですから」

田中：「それとグルメ情報もね」

　この頃になるとそんな冗談も日常的に飛び交いメンバーの性格の違いによる相乗効果が発揮されるようになった。

　プロジェクトに、女性やさまざまな価値観を持ったメンバーが集まることはいいことだ。2人を中心に活発な討議が進行し、次のような大まかな計画ができあがった。

---

**1　先端トレンド商業地の調査**

新宿駅周辺の再開発地区を中心としたエリアと、お台場周辺エリアのタウンウオッチング、ショップウオッチングを行うことで消費のトレンドを肌で感じる。

実際の品揃えやそこに集まる人の特性や消費動向を調査することで、生活者のニーズを確認する。

**2　エクステリア、インテリア用品ショップ調査**

東京の青山、代官山などのトレンドリーダー的なショップウオッチングを行うことで、ガーデニング用品企画の方向性を探る。

郊外に展開されているガーデニング専門ショップの調査を行うことで、都市型ガーデニングの消費実態を探る。

**3 ホームセンター調査**

今回の中心的な販売先になると思われるホームセンターの消費動向と競合品を含む徹底調査を行う。

## アンケート調査

定量調査をするのにアンケート調査は欠かせない。大量の顧客に回答を求めグループインタビューから得られた仮説などを定量的に検証するためである。通常数百名以上から回答を得るため費用はかかるが、ぜひ行っていただきたい。

定量的調査の代表、評価用語や選択肢、質問文の表現、回答者の母集団やサンプリング（抽出）に注意を要する。

特にアンケート用紙のつくり方は注意をしたい。回答しやすく、信頼性のあるものを得るという観点からさまざまな工夫がいる。

**実施手順＜図6-2を参照＞**

**手順1：対象者の人数の確保**

検証を確かなものとするために最低でも100人は確保する。ターゲット層を分けて解析するのならば、層ごとに100人は必要となる。

**手順2：対象者の層**

ターゲットに合っていることが絶対条件となる。仮説の客観的な検証をしなければならないのだから、バイアスがかからないように自社と無関係のターゲット層からランダムで抽出するのが望ましい。ただし、どうしても難しい場合は自社で抱えているモニターからでもやむをえないだろう。

**手順3：調査票の作成**

図6-2を見てもらいたい。

アンケートの構成は大きく4つのパートから分かれる。

1つ目は調査タイトルである。何についてのアンケート調査なのかをきちんと明示する。

2つ目はリード文である。挨拶、調査の目的や協力の依頼、プライバシーを保護すること（調査以外の目的では使わない）、記入上の注意などを明記する。商品評価にバイアスをかけないようにするためには、調査主体が自分の会社でない方がよい。（その会社が好きでも嫌いでも意見に偏りが出る危険があるからである）第三者の調査会社などに依頼す

るのはそのためでもある。
　3つ目は質問である。質問はここでさらに3群に分かれる。
　1群目は一般的な状況を聞くものである。これは調査をする人がどのような生活をしているか、調査する対象の使用状況、その対象関連商品の購買行動はどうなのかを確認しておくものである。この部分が欠けているアンケート調査が多いので注意しよう。
　2群目は、商品評価である。ここでも調べたいものしか聞かないのではなく、できれば比較対照できる関連商品、類似商品、競合商品を含めて評価してもらおう。また、言葉だけではわかりにくい商品などは写真、イラストなどを使ってイメージがわかるようにする。
　もし商品がアイデアレベルであれば、仮説的商品を混ぜてもよい。
　3群目は仮説検証質問である。もしも○○だったら、どうするかを聞く。価格などの質問も入れてよい。
　最後の大きなパートはフェイスシートと呼ばれるものである。アンケートに答えてくれた人がどのような人かをきちんと把握しないと、後の分析でターゲットがどのような評価をしたかどうかがわからなくなる。
　性別、年齢、家族構成、職業などである。年収は聞きたいところであろうが、嫌がられる傾向があるので入れるかどうかは慎重に検討しよう。また氏名・住所を記入するものも時々見かけるが、これもプライバシー保護の面で抵抗があるので、なるべく聞かない方が回答しやすいだろう。
　最後に自由記入欄をつける場合も多い。ここから面白い意見が出てくる場合もある。
　調査票作成の時のポイントは次の通りである。
(1) 質問は適量にする。→あまり多すぎると答えてもらえない。
(2) 質問文は長くしない→長すぎてわかりにくくしない。
(3) 1つの質問に2つ以上の質問の要素が入っていない
(4) 回答者が記憶していない内容は避ける→過去1年間に使ったことがあるかと聞いてもわかりそうもないものはやめる。
(5) 誘導的な質問は避ける。

図6-2

# アンケート調査

**(1) 調査タイトル**

**(2) リード文**
　　挨拶、調査目的、プライバシー保護・配慮、回答方法、調査する機関名など

**(3) 質　問**

質問1群　一般的情報収集
・生活一般
・購買行動（いつ、どこで、どんな理由で、どんなモノを、どのくらい買っているか、頻度、いくつなど）
・使用状況（何をどの程度使っているか、その満足度、不満点は？）

質問2群　商品評価
・類似商品、関連商品を評価してもらう
・仮説的商品を入れてもOK
・実物、写真、カタログ、イラストなどでイメージがわかるように配慮する

質問3群　仮説検証質問

もし……だったら？あなたはどうですか？

**(4) フェイスシート**
・性　別
・年　齢
・家族構成　　　　※その商品特性で必要な項目を漏らさないこと
・職業など

自由記入欄

(6) 条件の不明確な質問はしない。
(7) 誰が聞いてもわかる質問をする。
(8) さまざまな解釈ができる言葉は避ける。
(9) グループインタビューをした場合は、インタビューでの言葉を活用する。
(10) 解析しやすいように、プリコード式（あらかじめいくつかの回答をつくっておき、その中から回答してもらったり、順位をつけてもらったりする）の回答を多くする。

**手順4：調査方法**

　直接面接、郵送、電話、インターネットなどさまざまな方法がある。質問量と納期、予算、必要度などを勘案して決める。後の活用を考えると速さよりも精度を重視するべきであろう。

**手順5：分析方法**

　とりあえず単純な集計をしてみる。さらに進んでクロス集計も試みよう。平均、標準偏差、相関係数などをもとめ、分布や関連を把握する。できれば多変量解析まで学んでさまざまな因果関係や相関関係を出すとよい。そのためにも数値化できる形式が望ましい。

　ここでは紙面の関係で省略する。関心のある方は関係書籍を参照して欲しい。

## STEP-2　まとめ
## 商品開発計画書の作成

　ステップ2では、今後展開される商品開発活動の商品化に至るまでの開発シナリオを作成し、企業トップの承認を得ることとなる。それによってプロジェクトと開発に関わる組織活動が定められ、このステップ以降の開発を推進する重要な仕事である。

　ここで作成する計画書は開発に関係する組織や経営者が、開発の概要を短時間で理解または評価できる仕様にしなければならない。

　そのようなことから一目で開発全体が把握できるような開発計画書を作成する。

### 実施手順＜図6-3を使用＞

手順1：ブロック4、5、6で得た情報の確認と不足分の情報を確認して整備する。特にステップ1のまとめである「開発計画書～開発テーマの設定」を重視する
手順2：KJ法の結果得られた開発テーマ（アイテム）を記述する
手順3：想定されるターゲットの特性を記述する。
手順4：市場（販売地域や販売ルート）を想定する
手順5：使用シーンを設定する（5W1Hでシナリオのように表現する）
手順6：想定される競合企業を記述する
手順7：開発の大まかなシナリオを記述する

## シミュレーション

　いよいよステップ2のまとめである商品開発計画書を仕上げることになった。この段階で「創造生活21」として、初めて役員の評価を受けることになるのだ。

　グルインやKJ法をこなしてきたメンバーにとって、この計画書の作成自体は取り立てて難しいものではないが、評価会のことが気になっているようだ。榊原サブリーダーを中心に今、中間報告書の作成に追われてい

る。

　評価会が始まった。会議室に勢揃いした明日香樹脂の役員を前にして、メンバーは堂々とプレゼンテーションを進めてゆく。順調だ。

　約30分でプレゼンテーションが終了した。

　質問と討議に入った。専務が第一声を放つ。「じつに論理的に積み上げ調べてありますね。立派な企画だと思います。この商品の経済効果についてはどのように考えていますか？」

　やっぱりこの質問が来たかと思ったが、あわてずにサブリーダーは「資料によりますとこの分野は過去5年現在に至るまで2ケタ台の成長を続けています。従って有望な市場であることから商品力があれば十分に投資効果のあるマーケットだと考えます」

　続けて「しかし、現在は詳しい数字は提示できません。本日評価願いたいことは、開発テーマの市場規模と市場成長性から見た開発計画の妥当性についてです。採算性に関しての評価は次のステップでお願いする予定になっています」と、言い過ぎかなと思ったが正直に答えた。予想に反して専務はにこにこしながらサブリーダーとの応答を楽しんでいるようだった。

　明日香リーダーはじめ役員は榊原サブリーダーの成長ぶりに目を見張った。企業環境分析から始まりグルインによる生活者の生の声を活かした計画書は、役員の評価も上々で特に専務は「3日後に採点し評価結果をお渡ししますが、休まず進めてください。次のステップの報告を楽しみにしています。頑張ってください」とねぎらう発言もあった。

　実はこれには裏があり、明日香リーダーはコンサルタントの協力を得ながら、商品開発の品質評価と市場価値評価の評価基準づくりと共に、評価採点表まで用意していた（図6-4・5・6）。それらを事前に役員で構成する「評価グループ」で披露し運用の検討をしていたのだった。

　その評価内容は「創造生活21」が採用しているヒト・モノ・バ4ステップの行程にリンクしたもので、決して今までのように開発の初期段階から「それをつくるといくら儲かるのか？」などという乱暴な質問が出ること

第3章 ● ヒット商品開発計画をつくろう

図6-3

CD-ROM スライド番号 ⑨

**STEP-2　商品開発計画段階**

# 商品開発計画書（開発のシナリオ）

○○ 年　○ 月　○ 日
氏名

開発テーマ（プロジェクト名）**創造生活21プロジェクト**

---

**開発テーマ（アイテム）**

## ベランダガーデニング
庭のないマンション生活者のためのベランダで楽しむガーデニングキット

---

**ターゲットの特性**

30歳前半の夫婦で共働き(DINKS)マンション生活の中に自然を取り入れたいと考えている。

**想定される市場**

取引関係のあるホームセンターと一部エクステリア専門販売店

---

**想定される（使用シーン）5W1H**

土曜日の朝、香は少し朝寝坊した。リビングの窓を開けると、さわやかな風と共にベランダに緑が広がっている。そこには一ヶ月程度前に始めた ASUKA のベランダガーデニングがある。今日は夫と2人、久々に緑を見ながらブランチを楽しもう。

---

**想定される競合企業（商品）**

現在は特に見当たらないが、総合家庭用品メーカー○○×××のガーデニング用品が最強ライバル。
ベランダガーデニングは「ASUKA」というブランドを至急認知させる必要がある。
その他はプランターメーカーとして業界 NO1 ××○○が考えられる。

---

**開発のシナリオ**

| 調査・企画 | デザイン | 設計 | 評価 | 仕様設定 |
|---|---|---|---|---|
| 3ヶ月 | 2ヶ月 | 1ヶ月 | 1.5ヶ月 | 0.5ヶ月 |
| STEP2~3 | コンセプトデザイン<br>基本デザイン<br>実施デザイン | 試作設計 | 使い勝手<br>強度、サイズ | |

がなく、開発ステップと同様にマクロの経済効果の確認（市場の将来性と獲得可能なシェアなどの定性的判断）から始まり、ステップ4の商品開発時点になると、採算性や利益などについて定量的な数字で明確に評価する仕組みになっている。

　明日香リーダーは、「評価グループ」の兼任リーダーとして「創造生活21」のメンバーには詳しく話をしていなかったが、今後の明日香が新商品開発を推進していくために、「評価機能」の充実が欠かせないとの認識で力を割いていたのだった。

　第1回目の評価会は大成功だった。これで「開発」と「評価」の両輪がしっかり動き出した。何よりも部下が上司を尊敬し上司が部下を信頼するよいムードが育ちつつあることを感じ嬉しく思っていた。「まだまだ明日香も捨てたモノじゃない……。」

第3章●ヒット商品開発計画をつくろう

図6-4

STEP-2　商品開発計画段階

# 新商品開発計画の評価表

年　　月　　日

開発テーマ（プロジェクト名）

| | 評　価　項　目 | | |
|---|---|---|---|
| 開発の品質評価 | 開発テーマがターゲットのニーズに合っているか | 4 | 4 |
| | 開発テーマが生活者にとって新しい暮らしの提案性を持っているか | 5 | 5 |
| | 開発テーマが自社の生産技術・技能に合っているか | 5 | 5 |
| | 開発テーマが自社の機器設備に合っているのか | 5 | 5 |
| | 開発テーマがマーケットの動向に合っているのか | 4 | 4 |
| | 開発テーマが自社の流通ルートに合っているのか | 4 | 4 |
| | 品質評価点 | | 27 |
| 開発の市場価値評価 | 開発テーマが与える経済効果（売上の量的効果） | 3 | 3 |
| | 開発テーマが与える経済効果（新しいマーケットへの開拓など質的効果） | 4 | 4 |
| | 開発テーマの市場規模 | 3 | 3 |
| | 開発テーマの市場成長性 | 3 | 3 |
| | 開発テーマの獲得シュア予測 | 4 | 4 |
| | 市場価値評価点 | | 17 |
| 総合評価 | コメント　開発の品質評価は満足しているが、市場価値についてはベランダガーデニング分野が未知数であり、今後のステップで数字を明らかにして欲しい。期待しています。 | | |
| | 評価責任者　＿＿＿＿＿＿＿＿＿＿＿＿ | | |
| | 品質得点　27　×　＋　市場価値得点　17　×　＝　総合点　44/55 | | |
| 判定 | Ⓐ　　　　B　　　　C　　　　D | | |

129

図6-5

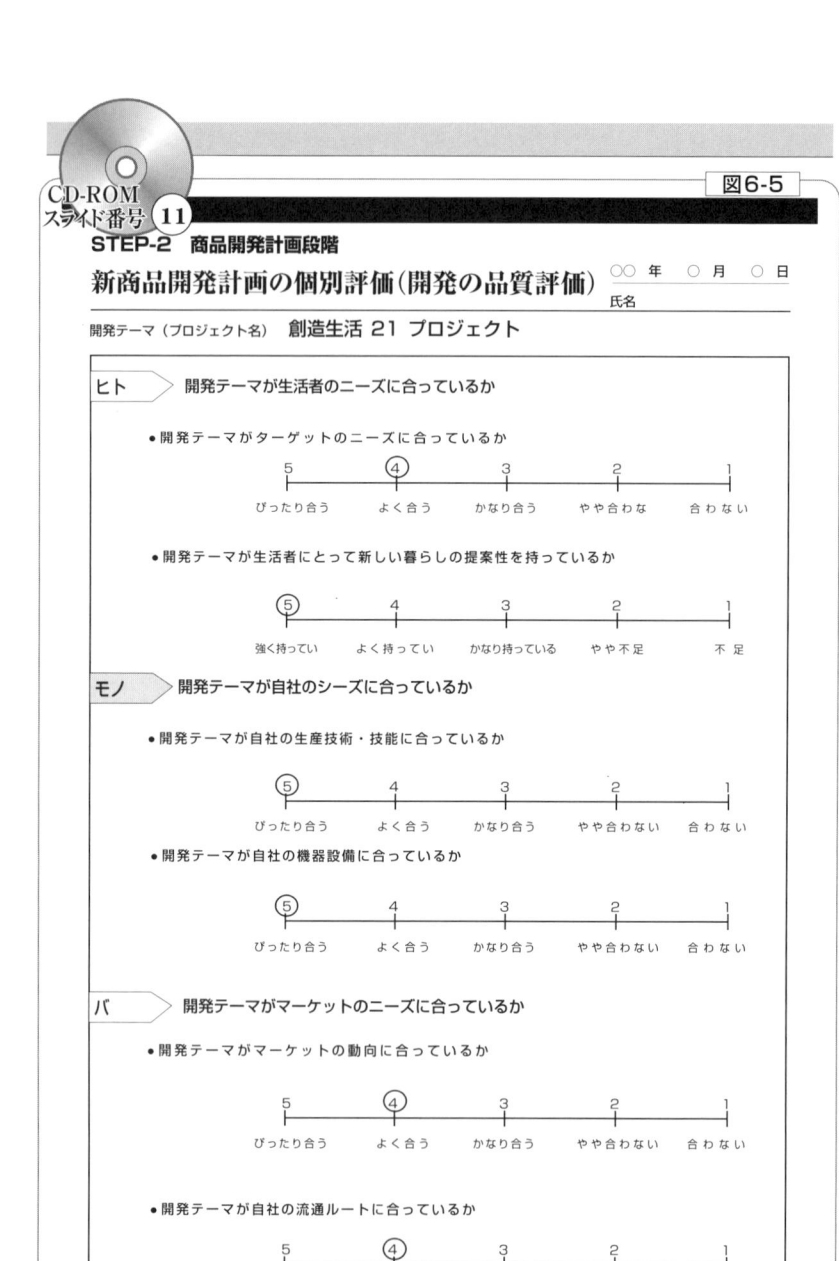

CD-ROM スライド番号 ⑪

**STEP-2 商品開発計画段階**
# 新商品開発計画の個別評価（開発の品質評価）

○○ 年 ○ 月 ○ 日
氏名

開発テーマ（プロジェクト名） 創造生活 21 プロジェクト

**ヒト** ▷ 開発テーマが生活者のニーズに合っているか

- 開発テーマがターゲットのニーズに合っているか

  5 ――― ④ ――― 3 ――― 2 ――― 1
  ぴったり合う　よく合う　かなり合う　やや合わな　合わない

- 開発テーマが生活者にとって新しい暮らしの提案性を持っているか

  ⑤ ――― 4 ――― 3 ――― 2 ――― 1
  強く持ってい　よく持ってい　かなり持っている　やや不足　不足

**モノ** ▷ 開発テーマが自社のシーズに合っているか

- 開発テーマが自社の生産技術・技能に合っているか

  ⑤ ――― 4 ――― 3 ――― 2 ――― 1
  ぴったり合う　よく合う　かなり合う　やや合わない　合わない

- 開発テーマが自社の機器設備に合っているか

  ⑤ ――― 4 ――― 3 ――― 2 ――― 1
  ぴったり合う　よく合う　かなり合う　やや合わない　合わない

**バ** ▷ 開発テーマがマーケットのニーズに合っているか

- 開発テーマがマーケットの動向に合っているか

  5 ――― ④ ――― 3 ――― 2 ――― 1
  ぴったり合う　よく合う　かなり合う　やや合わない　合わない

- 開発テーマが自社の流通ルートに合っているか

  5 ――― ④ ――― 3 ――― 2 ――― 1
  ぴったり合う　よく合う　かなり合う　やや合わない　合わない

第3章●ヒット商品開発計画をつくろう

図6-6

CD-ROM スライド番号 12

STEP-2　商品開発計画段階

## 新商品開発計画の個別評価（市場価値評価）

○○　年　○　月　○　日　氏名

開発テーマ（プロジェクト名）　創造生活21プロジェクト

---

**開発テーマの経済性評価**

- 開発テーマが与える経済効果（売上の量的効果）

```
    5           4           ③           2           1
 絶大な効果    効果大    かなりある    やや不足   効果がない
```

- 開発テーマが与える経済効果（新しいマーケットへの開拓など質的効果）

```
    5           ④           3           2           1
 絶大な効果    効果大    かなりある    やや不足   効果がない
```

---

**開発テーマの市場性評価**

- 開発テーマの市場規模

```
    5           4           ③           2           1
 極めて大きい  大きい   かなり大きい  やや小さい 極めて小さい
```

- 開発テーマの市場成長性

```
    5           4           ③           2           1
 極めて大きい  大きい   かなり大きい  やや小さい 極めて小さい
   (   )      (   )      (   )       (   )      (   )
```

- 開発テーマの獲得シェア予測（数値の設定が可能であればよりよい）

```
    5           ④           3           2           1
 極めて大きい  大きい   かなり大きい  やや小さい 極めて小さい
   (   )      (   )      (   )       (   )      (   )
```

---

**総合所見（品質と市場価値の総合）**

- 顧客の不満を解消し、新しい生活を提案する良い企画である。
- 又当社のブランド力や新しいことにチャレンジする企業イメージ向上に果たす役割は大きい。
- 新しい分の売上げを確保することに価値が大きいがベランダガーデニング分野のマーケットサイズが不明。次のステップで実際の数字を示して欲しい。

専務取締役
評価責任者　○山×男

# 第4章

# ニーズを満足させる
# アイデア発想をしよう

**商品開発プロセスSTEP-3**
## 商品企画段階

　ステップ2の商品開発計画書は充実した内容に仕上げることができましたか？　いくら調査をしても生活者の口から「ズバリこんなモノが欲しい!」などという答えは聞けなかったと思います。しかしヒントはたくさんあったはずです。きっとあなたは、そのヒントをベースに有望な開発テーマを設定していただいたと思います。

　この章はその有望な開発テーマをベースにアイデア発想を行い、売れる商品案を企画する行程になります。そういった意味では商品開発の一番楽しい仕事になります。

　職場のリラックスできる環境の空間を選び、ネクタイをゆるめ、できれば頭脳を活性化するBGMでも流しながら楽しくアイデアを発想してください。独創性に満ちたアイデアが生まれ、圧倒的な差別的優位性を持った商品企画書ができあがることを期待しています。

【目　的】
ヒト・モノ・バの3要素を起点に、効果的と思われる発想法を駆使して多様なアイデアを展開する。そのアイデアの中から最適なものを選択して商品コンセプトをまとめる。

【活　動】
ブロック7・ターゲットからのアイデア展開
　ヒト　STEP2で明らかになったニーズを顕在化させるために表形式のアイデア発想法でアイデア展開しよう。

ブロック8・製品要素からのアイデア展開
　モノ　ターゲットのニーズに合った製品の機能・用途などのアイデアを展開しよう

ブロック9・売場要素からのアイデア展開
　バ　競合商品との比較や市場のポジショニングから流通販売起点の発想によりアイデア展開をしよう。

【成　果】
アイデア発想、商品コンセプトシート

| | | ヒト(顧客) | モノ(企業・製品) | バ(市場) |
|---|---|---|---|---|
| STEP-1 | 企業環境分析段階 | ブロック1 社会環境分析 | ブロック2 社内環境分析 | ブロック3 業界・市場環境分析 |
| | | 自社の強みを活かした大まかな開発方向の決定・評価 | | |
| STEP-2 | 商品開発計画段階 | ブロック4 生活者(顧客)ニーズの把握 | ブロック5 自社シーズの応用と展開 | ブロック6 市場でのニーズ確認 |
| | | 新しい需要を創る商品開発計画の決定・評価 | | |
| STEP-3 | 商品企画段階 | ブロック7 顧客の立場からのアイデア展開 | ブロック8 製品機能からのアイデア展開 | ブロック9 売場要素からのアイデア展開 |
| | | 売れる商品企画案と事業企画案の決定・評価 | | |
| STEP-4 | 開発段階 | ブロック10 商品デザイン | ブロック11 商品設計 | ブロック12 市場導入計画 |

## STEP-3の内容と狙い

　STEP-3では、今までで収集したデータやテーマ設定を元にして、いよいよ新商品アイデアを開発していく。まず生活者（ヒト）に着目して、ターゲットを明確にした後に逆設定法を使ってアイデア発想を行う。次に製品機能（モノ）に着目して６３５法（ブレーンライティング）を使ってアイデア発想を行う。
　最後に売場（バ）に着目してマインドマッピングで今までのアイデアをまとめたり、新たに付け加えた上でバーチャルカタログをつくり、売場にプレ商談をして反応を探る。
　このように新商品アイデアを数多く発想し有力なアイデアを検証しながら絞り込むのが狙いである。ステップの成果として新商品アイデア案を絞り込み、具体的なアイデアスケッチや商品コンセプト固めを行う。

ブロック７（ヒト）では、生活者（顧客）のターゲットを明確にするところから始める。家族形態、年齢、収入、ライフスタイルなどをリアルな生活シーンがわかるまで明確に設定する。
　それが完了してからシーンやテーマから逆設定法を使って問題点を解決していく発想法でアイデア発想を行う。

ブロック８（モノ）では、製品機能に着目して表形式発想法の６３５法（ブレーンライティング）を使って新商品アイデアを発想する。

ブロック９（バ）では、売場に受け入れられるようにブロック７、ブロック８で発想された様々なアイデアをマインドマッピングを使って収束させ、バーチャル（仮想）カタログを作成する。このカタログは実際に売り込みたい売場に仮想商談を行い、反応を聞いて有力なアイデアに絞り込む。

第4章 ● ニーズを満足させるアイデア発想をしよう

　このステップでは以上のように、ヒト（生活者・顧客）、モノ（製品機能）、バ（売場）の3つの起点からアイデア発想をすることを通じて、有力な新商品アイデアを得ることが最大の目的である。有力な新商品アイデアが得られたら、それの仮のネーミング、ラフ・スケッチ、競合品と比較しての差別的優位性などを明確にして「商品コンセプト固め」を行おう。

## STEP-3
## ブロック
# 7 ヒト ターゲットの明確化

**アイデア発想法に入る前に……**

　まずターゲットを明確化してみよう。前のステップのまとめである程度絞ったこととは思うが、ここではさらに詳しく設定してみる。

　女性なのか男性なのか、若者なのか熟年なのかである。それを分析するシートが右の表である。ターゲットが明確になったつもりでも、実はまだ「30代の男性」などと漠然としていたりする。どこが漠然かというとこの「30代の男性」だけで何もわからないということである。

**実施手順＜図7-1を使用＞**

**手順1：ターゲットの属性で設定する**

　　性別ごとに想定するターゲットの年齢、家族形態、職業、所得、居住形態、居住地域などの属性を設定しよう。これによりターゲットをセグメント（細分化）して絞り込む。

**手順2：ターゲットの特性で設定する**

　　性別ごとに想定するターゲットの趣味、生活行動、興味、消費行動、職業観、商品志向など特性を設定しよう。属性と同様にターゲットをセグメント（細分化）して絞り込む。

**手順3：ターゲットの生活シーンをイメージする**

　　属性や特性でセグメントしたターゲットのイメージを明確にするためにそのプロフィールを特定し、さらに開発しようとしているテーマに関連のあるシーンを想定する。シーンとはある場面を設定して、その場所やその時ターゲットはどのようなことを思っているかを、なるべくリアルにする。

**手順4：ターゲットのプロフィールとシーンをビジュアル化する**

　　ターゲットのシーンが明確になったら、そのイメージを表現するため

第4章 ● ニーズを満足させるアイデア発想をしよう

図7-1

## ターゲットの明確化（例）

### ターゲットの設定と細分化

| 属性分類 | 年　　齢 | 家族形態 | 職　　業 | 所　　得 | 居住形態 | 居住地域 |
|---|---|---|---|---|---|---|
| 女　性 | 30代前半 | 夫婦共働き子供なし | キャリアウーマン | 350万円 | マンション | 大都市近郊ベッドタウン |
| 男　性 | 30代前半 | 同　　上 | ビジネスマン | 600万円 | 同　　上 | 同　　上 |

| 特性分類 | 趣　　味 | 生活行動 | 興　　味 | 消費行動 | 職　業　観 | 商品志向 |
|---|---|---|---|---|---|---|
| 女　性 | 園芸 | 週末はショッピング | 環境問題 | 週にまとめ買い | キャリアアップできるなら転職も可 | 環境にやさしいブランド好み |
| 男　性 | アウトドア | 週末はアウトドアへ | クルマ・バイク・キャンプ用品 | 趣味にはカネを惜しまない | いずれ独立 | ブランドこだわらず |

### ターゲットイメージシート

にインターネットの画像、雑誌や商品カタログなどを切り貼りして「シーンが見える」イメージシートをつくる。

## シミュレーション

高嶋コンサルタント：「それでは調査結果を元に具体的なターゲットのイメージを分析してみましょう」

榊原サブリーダー：「まずマンションに住んでいることがあげられますね」

高嶋コンサルタント：「どんな家族ですかね？」と再び聞く。

榊原サブリーダー：「イメージからするとご主人は30代半ばで、子供はいないし、当面生むつもりもなし。奥様は30代前半で専業主婦でしょう」

高嶋コンサルタント：「年収や、そのお金の使い道は？」

榊原サブリーダー「年収は多分500万円から600万円かな。教育費とＩＴ費は削らない。でもデジタルな生活に少し疲れていて、緑の潤いを求めている家族じゃないかな」

佐藤：「なんかちょっとテーマに強引に結びつけていない？」

榊原サブリーダー：「うーん。多少あるかもしれないけれど」

と助け船を出した。

山崎：「まあ取り敢えず続けましょう」

佐藤：「きっと自分のベランダガーデニングもＷＥＢサイトで公開するような人じゃないかな。特に奥さんはパソコンを使ってホームページの更新やメールは頻繁にやっている。何せ子育てで忙しいと社会生活がぐっと狭くなるもんね」

とこんなやり取りがあって、皆で意見を出し合ってまずターゲットの属性と特性を決めた。それにふさわしいイメージを雑誌やインターネット、パンフレットなどから探してシートに貼っていった。

明日香リーダーは前のステップで行なったグループインタビューのまとめの成果が表れているのを感じていた。引っ込み思案であったメンバーもどんどん発言するのを見て頼もしく感じていた。特にインタビューした

第4章●ニーズを満足させるアイデア発想をしよう

ターゲットから話を聞いているのでリアリティーも感じられるし、やはり生活者にきちんと聞かないといけないと強く思った。

## アイデア発想法について

さて、いろいろと作業をしてきたわけであるが、いよいよ新商品のアイデアを具体的に出すことを始めよう。

### （1）アイデアとは何か

その前に、「アイデア」とは何かということを少し考えてみよう。

皆さんは今までにない、全く新しいものを創造するというイメージではないだろうか？　じつはそんなことはないのである。

アイデアとは、既存の情報やさまざまな要素の新しい組み合わせでしかないと割り切ろう。そこに発想法を使う意味が出てくる。発想法とは、既存のさまざまな要素を組み合わせたり、結びつけたり、関係つけたり、統合したりする手法なのである。

今までやってきた作業は何かというと、このアイデア発想をするための豊富な情報のバックボーンを集めていたのである。このバックボーンは深く・太くなればなるほどよい。

### （2）アイデア発想には制約条件がいる

なぜ発想法にすぐに入らなかったかというと、前段階までで、大まかな開発の方向性を定めて欲しかったからである。

アイデアは自由に制約条件をつけずどんどん出せばいいのだが、ところが全く自由であっても出にくい。ある制約条件をつけないとよいものは生まれにくい。

一番わかりやすい制約条件は「時間」である。企業の商品開発をしている人間にとって「いつでも思いついた時でいいよ」と言ってくれる社長はそうないであろう。ある一定期間に最低1つとか、2つとか何か有望なものを生み出さなければならないだろう。

そして、その時に今までやってきた開発の方向性を探るということが役に立つのである。

### (3) アイデアは必ず思いつくと信じること

大事なのはアイデアは必ず思いつくと信じることである。「できるかなあ」と思った瞬間に多分できなくなる。できると信じてイメージを浮かべながら発想するのと、「多分できないだろうな」と思いながら発想するのとでは効果が全然違う。

### (4) アイデアはまず量である

アイデアはまず数をともかく出すことに専念することである。「こんなことを言ったら、出したら笑われるかも…」などと思わないことである。ダメなアイデアもないし、出しすぎて批判されることもないのである。出ないことを恥じよう。量から質へは転換するが、最初から少量の良質なものは出ない。

### (5) 発想法の原理を理解する

では発想法の原理とは何であろうか？　先程アイデアとは既存のさまざまな要素の組み合わせであると述べた。したがってまず組み合わせる方法を、ある枠組みでやってみようというものである。

また紙に書くことは、複数の人で行う時に共有したいからである。口だけでアイデアを言っているとすぐ消えてしまうし、そこから何か関連づけて発想するということができにくいからである。そして知恵の集積でもある。もちろんひとりで創造的になることもできるが、通常は老若男女取り混ぜて3人以上で発想をした方がよりよい意見が出るであろう。

### (6) 発散技法と収束技法

発想法には、大きく分けて発散技法と収束技法と2つのものがある。最初の段階は、数多くのアイデアを出したいのだから発散技法である。自由

第4章 ● ニーズを満足させるアイデア発想をしよう

図7-2

## アイデア発想法の原理

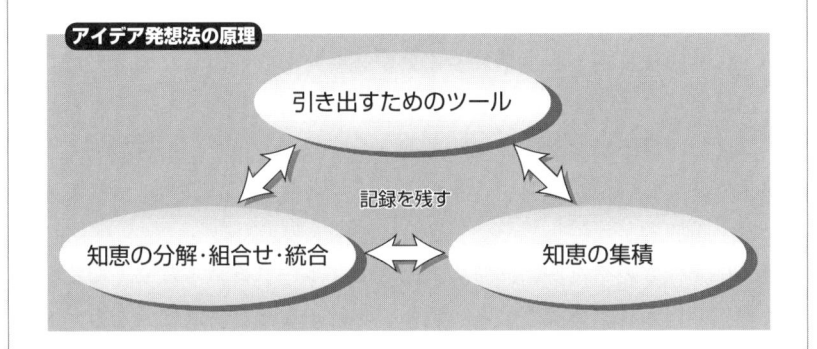

**アイデア発想法の原理**

- 引き出すためのツール
- 知恵の分解・組合せ・統合
- 知恵の集積

記録を残す

発想する時の留意点

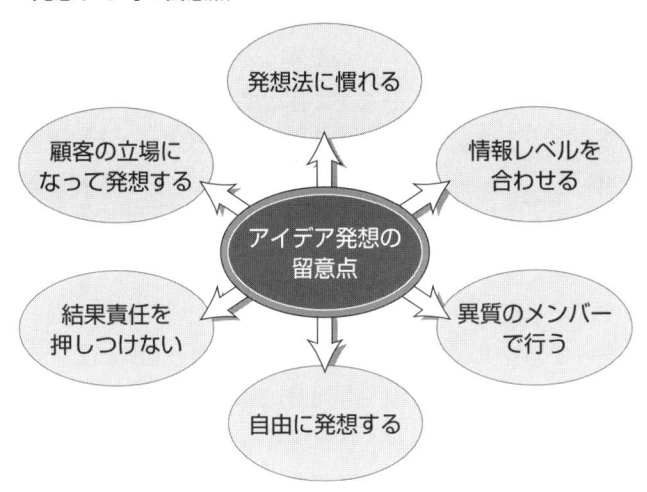

**アイデア発想の留意点**
- 発想法に慣れる
- 情報レベルを合わせる
- 異質のメンバーで行う
- 自由に発想する
- 結果責任を押しつけない
- 顧客の立場になって発想する

にアイデアを出そう。ある程度量が出てきたら、収束技法を使ってまとめていけばよい。

### (7) アイデア発想をする時の留意点

アイデア発想をする時の留意点を再度確認しておこう。

第1に発想法にある程度慣れることが必要である。慣れないうちはなかなか進まずイライラするかもしれない。しかし何度もやっていくうちに慣れれば発想が自由にできるようになる。

第2に参加者の情報のレベルをなるべく合わせよう。これは今までのステップを参加者が分担してやってきたらほぼ大丈夫である。

第3に先程も述べたが、同質の人たちでグループをつくらず、なるべく異質の人で行おう。男女、文系・理系、年齢差などバラけていた方が面白いアイデアが出る確率が高い。

第4にとりあえず自由に発想しよう。自由に発想するとは、アイデアキラーとなるような「わが社にはこの技術がないからなあ」とか「こんな突拍子もないアイデアでは笑われないだろうか」とかは一切考えずに発想することである。評価は出尽くした後に行えばよいのである。

第5に発想した人に結果責任を押しつけのはよそう。「おまえがそのアイデアを出したんだから、最後まで責任を取れよ」という経営者が時々見受けられるのである。これもアイデアを出しにくくする。結果の責任はあくまでも経営者が負うものである。

第6にせっかく顧客ニーズを明らかにしてきたのだから、なるべく顧客の立場に立って発想することも頭の隅に置いておこう。ここで突然自分の趣向に走ったりしないようにする（まあ多少は構わないが）。この6点に留意することで、よりよいアイデアが出る。

さあそれではいよいよアイデア発想を始めよう。

第4章●ニーズを満足させるアイデア発想をしよう

## STEP-3
### ブロック
# 7 ヒト　顧客からのアイデア発想

　最初のブロックは顧客の立場に立ってアイデアを発想法をしてみよう。今までのステップでテーマ、あるいは開発の方向性は明確になっているはず。それを出発点にしてアイデア発想をする。ここでは逆設定法を用いる。

**実施手順＜図7-3を使用＞**
**手順1：まずテーマを決めよう**
　まずテーマを明確にする。商品開発テーマそのものでもよいし、あるいはそれが使われるシーンや場所についてでもよい。
**手順2：テーマの常識を設定する**
　その言葉や商品の持つ当然と思われる「機能」や「特徴」「目的」「存在意義」をあえて見落とさずにあげてみる。そのようにテーマを見つめると、常識は一つではなくいくつもあることがわかるし、逆設定法はひとつのテーマに対していく通りもの常識を設定して、答えを見つけ出す手法であるということがわかるだろう
**手順3：常識をいったん否定し、怖がらずに逆設定する。**
　常識の逆であるために非常識になるが心配しない。素直な気持ちで設定する。
**手順4：テーマの目的に対して逆設定の問題点を設定する**
　逆設定すると問題点が出てくるはず。困る点や不便になる点は何かを出す。
　注：常識で問題点や欠点が出た場合、逆設定をするとよくなり問題がないように感じる。この場合は、現実にこの問題点は解決できないのだから、どうしたらそのことを解決すればよいのかという観点で問題点を書く。解決策の場合もある。

**手順5：問題点をメリットにするアイデア、または解決するためのアイデアを考え出す**

　さて、ここが一番苦労するところだが、自分のテーマに翻って考えてみる。問題点の解決策まで前に出ているのだから、それを自分たちの技術で解決できそうなアイデアが出ないかを考えるのである。問題点が出ていてそれを解決しなければならないのだから、元に戻っては絶対ならない。

## シミュレーション

榊原サブリーダー：「まずテーマの再確認をしましょう」

田中：「顧客ニーズが、ベランダでガーデニングをしたいという点にあるのだから、マンションのベランダガーデニングにしよう」

佐藤：「でも実際は、あまりやっていらっしゃる人は多くないですよ」

榊原サブリーダー：「そうだな。じゃあとりあえず常識を出すのは、マンションのベランダの常識を出そう」

　そこでメンバー各自がマンションのベランダを思い起こしたり、あるいは住んでいる者は自宅の写真を持ってきたり、ちらしを持ってきたりして常識を出し合った。ある程度常識が出た。

山崎：「じゃあこの常識の逆を設定すればよいのですね」

　逆設定を始めると常識で問題点としてあげたものはみなよくなってしまうことに一同考え込んでしまう。

山田コンサルタント：「そう。でも現実にはその逆設定したよい状態は実現できないわけだから、その解決の方向性をあげてみましょう。たとえば手すりはなくせないから、手すりを感じさせないようにするにはどうすればよいかという風に」

　山田コンサルタントがアドバイスをしたので、それに従って皆が逆設定してみた。こうして皆で散々論議して解決策について話し合った。こうして146ページの図のような種々のアイデアが出てきた。

第4章 ● ニーズを満足させるアイデア発想をしよう

CD-ROM スライド番号 ⑮

図7-3

## 逆設定法の進め方

```
STEP-3  商品企画段階                    年 月 日
ブロック7  逆設定法        氏名

テーマ [                                    ]

| 常 識 | 逆 設 定 | 問題点（→解決策） | アイデア |
```

- テーマを設定する
- そのテーマの常識を上げる
- 常識を怖がらずに逆設定する
- 逆設定してきた問題点の解決策を考える

  常識で「問題点」を出した場合、逆にするとよくなってしまって問題点がなくなる。
  その場合は、本来その問題点が解決していないのだから実現上の問題点を考えてみる。

- 解決策に対応できるアイデアを発想する

---

最初に問題点まで出したら、後はアイデアが出たところから発想する。上から順番にする必要はない。
あるいは、常識を出した時点でやりやすいところから一気に右のアイデアまで行ってしまう方法もある。

145

図7-4

# 逆設定法シート

**STEP-3　商品企画段階**

年　月　日

## ブロック7　逆設定法

氏名

**テーマ**　マンションのベランダでガーデニングするには
（常識は「マンションのベランダ」中心に考えてみる）

| 常　識 | 逆　設　定 | 問題点（→解決策） | アイデア |
|---|---|---|---|
| 床はコンクリートの打ち放し | 床はウッド | 床の工事はできない→ウッド風に見えるように | ウッド風パネルを敷く |
| 手すりがある | 手すりがない | 手すりはなくせない→手すりが隠せれば | 手すりが隠せるラティス（ハングタイプ） |
| 風は強い | 風は弱い | →風が強く吹いても大丈夫にするには | 強風転倒防止プランター　プランター差込棚 |
| 狭い | 広い | →狭くてもたくさんの鉢が並べられるようにするには | 多段式のプランター　立体型プランター |
| 排水管が通っている | 排水管はない | →排水管を感じさせないようにするには | 配水管取り付けプランター　配水管覆いプランター |
| 窓がサッシである | 窓はウッド風 | →サッシでないように感じさせるには | 窓取り付けラティス |
| 洗濯物を干す | 洗濯物は干せない | →洗濯物を干す時邪魔にならないようにするには | 簡単に移動できるガーデンセット（キャスター付） |
| ふとんを干す | ふとんは干せない | →ふとんを簡単に干せるようにするには | ラティススタンド（移動自由） |
| 道具が多い | 道具はない | →道具を感じさせないようにするには | ガーデニングに合うツールボックス |

第4章●ニーズを満足させるアイデア発想をしよう

STEP-3
ブロック
## 8 モノ 製品からのアイデア発想

　次に製品機能からのアイデア展開をしてみよう。製品機能と言っても難しく考える必要はない。ターゲットの欲求を満たし快適な生活を実現するための、数多くの製品機能・用途等のアイデアを出していくのである。

**ブレーンライティング**

　ここで紹介する技法は、6人で行うのが望ましい。これを考え出したのは、ホリゲルというドイツ人である。ブレーンストーミングの書くバージョンである。

　よく会議などで「ブレーンストーミングをしよう」と開かれることがある。でもなかなかうまくいかないのではないだろうか？

　ブレーンストーミングには有名な4原則がある。

①批判厳禁。出されたアイデアに対する批判は絶対に行わない。他人に対する批判のみならず、自分自身の批判もしてはならない。

②自由奔放。よい悪いの判断をせずにアイデアを多面的に発想する。

③質より量。よいアイデアを出そうとすると人間の思考範囲は狭くなる。現実的に考えないで（思いつき、ヒントで可）アイデアの量を出すことに専念する。

④他人に便乗。他人のアイデアにヒントを求めアイデア発想する。

　でもこの4原則を元にブレーンストーミングで行うとうまくいかない。まず批判厳禁と言いながら「そんなの無理だよ」「うちではできないね」という人が出てくる。さらに「こんなの言ったら笑われるな」と思って言わない人が出てくる。喋り慣れた、声の大きい人しか発言しない。司会者が発言を振ってもなかなか言わない。会社の立場を気にして発言しなかったりする。「部長の前だから新人の私は言うのをやめよう」とかである。

　恥ずかしがりやで、人前であまり喋るのが得意でないドイツ人はそこで考えた。書けばよいじゃないかと。この発想法は無言で進む。何を書いて

も笑われない。批判でつぶされることもない。

**実施手順＜図8-1を使用＞**
**手順1：シートを配ろう**
　右の表を見て欲しい。これがこの発想法のアイデアを書き込むものである。これを全員に1枚ずつ配布する。
**手順2：テーマを決めよう**
　テーマもあまり漠然としたものではだめである。「ガーデニングの新商品開発」ではなくて、「都市型ガーデニンググッズの開発」など前の段階である程度絞った開発のテーマとする。
**手順3：最初の5分間各自アイデア発想しよう**
　5分間に3つのアイデアを6人各自が考える。1件1つずつ1－A、1－B、1－Cにそのアイデアを書く。最初のこの欄はアイデアを書くのではなく、願望を考えて出すのがよい
**手順4：後はそれを5回繰り返す**
　5分経ったら次の人に回し、次の人は前のアイデアを受けて発想する。同様にこれを5回繰り返す。そうするとわずか30分で3×6×6＝108個のアイデアが出るというわけだ。
　バッテル研究所の加えたアイデアは、より明確に前の人から受け継いだアイデアなのか、それとも新たに考えた自分のアイデアなのかをわかるようにしたことである。
　原則としては、前の人から受け継いだという印に矢印をひく。もしどうしても浮かばなかったら太い線を横に引き、自分のアイデアを書く。さらにもっと前の人からの発想だったら、そこから矢印を引く。
　アイデアの発想は変形したり、付け加えたりして考えてみよう。
**手順5：出てきたアイデアを分類する**
　さて、発想されたアイデアに対してそれぞれの傾向が似たもの（共通点）を見つけ出しグループに分類する。この時点でポストイットなどに書き出す。（これが面倒であれば、あらかじめシートにポストイットを

第4章●ニーズを満足させるアイデア発想をしよう

CD-ROM スライド番号 16

図8-1

## 635法（ブレーンライティング）シートと手順

＊まずシートを6人分全員に1枚ずつ配る
　（この段階で各マスにポストイットを貼っておいてもOK）
＊統一のテーマを各自記入する

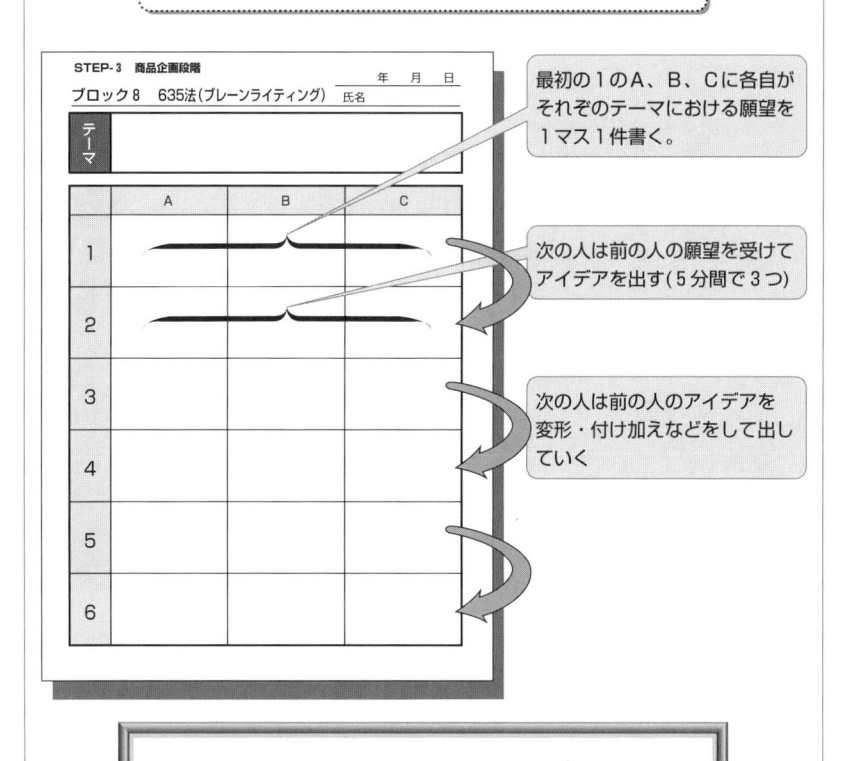

STEP-3　商品企画段階
ブロック8　635法（ブレーンライティング）　氏名　　　年　月　日

| テーマ | | | |
|---|---|---|---|
| | A | B | C |
| 1 | | | |
| 2 | | | |
| 3 | | | |
| 4 | | | |
| 5 | | | |
| 6 | | | |

最初の1のA、B、Cに各自がそれぞれのテーマにおける願望を1マス1件書く。

次の人は前の人の願望を受けてアイデアを出す（5分間で3つ）

次の人は前の人のアイデアを変形・付け加えなどをして出していく

・続けて書けない場合は一線を引いて、別のアイデアを新規に
・前の前あたりから発展させたい場合は　出所を矢印で記入

貼っておきそれに書いていく方法でもよい）どうしても分類されないアイデアは単独にしておく。
**手順6：その中からよりよいアイデアを選ぶ**
　さらに全体を見渡して皆で話し合いよさそうなものを選ぶ。

## シミュレーション

山崎：「じゃあテーマは『都市型ガーデニング』でよいですね」
山田コンサルタント：「はい。でもそれではちょっと漠然としすぎるので、さっきから出ているテーマの『マンションでガーデニングをする』と考えてアイデアを出してみませんか？」
山崎：「最初は願望を考えるんですよね。そうするとマンションのベランダで使い勝手のよい製品機能を考えてと」
山田コンサルタント：「そうそう。ベランダで使うのに必要な機能に着目するとよいアイデアが出てくると思いますよ」

　5分間のタイムキープは山田コンサルタントがやることにした。制限時間の1分前になると「1分前」と声を上げ、まだアイデアを出していない人に発想を促した。

　こうして1人5分間で3つの願望を書いた。さらに5分ずつ前の人の願望に沿ってアイデアを出していった。それを5分ずつ4回繰り返した。

佐藤：「さすがに4つめからアイデアを5分間で出すのは苦しいですね」
山田コンサルタント：「でもここが踏ん張り時です。ともかく空欄は絶対駄目です。どうしても前の人のアイデアから思いつかなかったら、独自のアイデアを出してくださいね」

　こうして全員でなんとか全ての欄を埋めることができた。

山田コンサルタント：「じゃあ一通り自分の下に戻ってきたシートを見てください。それをポストイットに書き写しましょう。もしそれが面倒でしたら、あらかじめポストイットをこのシートに貼っておいてもよいですけれどね。さらに似たものを分類したA3の白紙に貼りましょう。似た傾向のものも結構あるでしょう」

第4章 ● ニーズを満足させるアイデア発想をしよう

図8-2

## 635法（ブレーンライティング）シート

**STEP-3　商品企画段階**

年　月　日

ブロック8　635法（ブレーンライティング）　氏名

| テーマ | 都市型ガーデニンググッズ（中心はマンション向け） |
|---|---|

| | A | B | C |
|---|---|---|---|
| 1 | マンションのベランダでガーデニングしたい | 手すりや壁を装飾できる | 簡単にポンと置くだけで楽しめるもの |
| 2 | 非常口はふさげない | ラティスの簡易版 | ミニチュアガーデニング |
| 3 | ベランダを感じさせない器具 | 自立型のラティス | 普通のプランターの3倍の大きさのもの |
| 4 | ベランダの床が隠れるパネル | 風で倒れないプランター | キャスター付のもの |
| 5 | ウッドの簡単パネル | 手すりにかけられるプランター | ラティスのもの（ただしはずせる） |
| 6 | ガーデン用品が簡単収納 | 排水管にかけられるプランター | 窓サッシに取り付けられるラティス |

また皆で論議し合って似たものを分類した。さらにそこからアイデアを複合させた方がよいものを組み合わせたり、逆に分離したりしてよさそうなアイデアを考えていった。

山田コンサルタント：「ほら。このように最初にブレーンライティングをすると、アイデアの「ネタ」ができますので皆の論議もはずむでしょう。皆で言い合うブレーンストーミングは、アイデアキラーがいると全然よいアイデアが出ませんからね。それでは次のブロックに進みましょう」

と締めくくった。

明日香社長は、この手法はとてもよいと感じていた。今までブレーンストーミングを行うと自分も含めて上司がつい口を出してしまい、せっかくのアイデアをつぶしていた。自分や役員がアイデアキラーとなっていたのだ。今後はこの手法を会議に取入れて、皆の意見を自由にどんどん発想させようと決意した。

第4章●ニーズを満足させるアイデア発想をしよう

## STEP-3 ブロック9 バ　市場からのアイデア発想

　さて前の2つのブロックで出て来たアイデアをどれかに絞るのは大変難しいであろう。そこで、第一段階としてバーチャル（仮想）のカタログを作成して、売場に持っていって反応を探ってみるのである。
　ここでは、バーチャルカタログをつくるまでのまとめ方に、マインドマッピングの手法を使おう。

**実施手順＜図9-1、2を使用＞**
**手順1：ターゲットが利用するチャネルを特定する**
　ターゲットとする顧客がどのチャネルで出会っているのかは、ステップ2のブロック6で把握されているだろうから、その接点である小売業態がよいだろう。
**手順2：テーマを模造紙（あるいはA3）の白紙の中心に書く**
　ここからマインドマッピングをする。まずテーマを焦点として紙の中心に比較的大きく書く。できれば囲ったりイメージできる絵を描いてもよい。
**手順3：アイデアの本質を考えてサブトピックを出す**
　今まで出してきた新商品アイデアは、何か問題を解決するためのものであったり、願望に着目して出てきたりしたものである。その解決策や願望、機能などをサブトピックとしてテーマの周りにポストイットに1件1枚を書いて貼っていく。
**手順4：今まで出てきたアイデアを周りに並べてみる**
　ブロック7、8で出てきたアイデアをそのサブトピックの周りに並べてみよう。その際似たものは同じところにおこう。

もし自分たちでバーチャルのカタログをつくるのが難しそうならば、ラフのスケッチを書いて外部のデザイナーに依頼するのがよいだろう。もちろんアイデアの源泉をきちんと伝えなければならない。
　そのカタログを持って仮想の商談をしてみて、反応がよかった商品と自社の技術を照らし合わせて実現可能性の高いものからトライしていく。あるいは売場からさらなる提案があるかもしれない。その場合はそれらもきちんとメモをして取り入れられるものは取り入れよう。

## シミュレーション

　幸いにも創造生活21プロジェクトは商品開発コンサルタントが関与していたため、バーチャルカタログをつくる前の段階からアイデアを詳しく説明する手間が省けた。

明日香リーダー：「先生、それではこれまで出てきたいくつかのアイデアをカタログにして頂けますか？」

高嶋コンサルタント：「もちろんOKですが、今の状態では単なる商品の羅列になってしまいますね。何かストーリーが必要です。売場はどこを想定しているのかな？　田中君」

田中：「やはりメインターゲットのホームセンターですね」

高嶋コンサルタント：「そうなると忙しいバイヤー相手には、かなりしっかりしたものを持っていかないと怒られるよ」

明日香リーダー：「はい。じゃあ皆で考えてみます」

と討議が始まった。

　こうしてメンバーで検討した結果、ターゲット層の夫婦を想定して、その夫婦がホームセンターに相談に行ったと想定するアイデアが出た。

榊原サブリーダー：「それでは、ベランダ全体のプランについては主人が聞き、細やかな飾りつけについては奥さんが聞くスタイルにしてみよう」

榊原サブリーダー：「じゃあ今まで出てきたアイデアも使ってマインドマッピングをしてみよう」

第4章●ニーズを満足させるアイデア発想をしよう

図9-1

## マインドマッピングの書き方

**準備をする**

A4もしくはA3の紙
サインペン（2～3色）
656タイプのポストイット（2～3色）

**焦点（テーマ）を設定する**

白紙の中心に書く

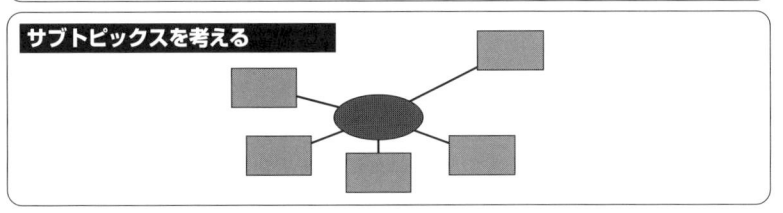

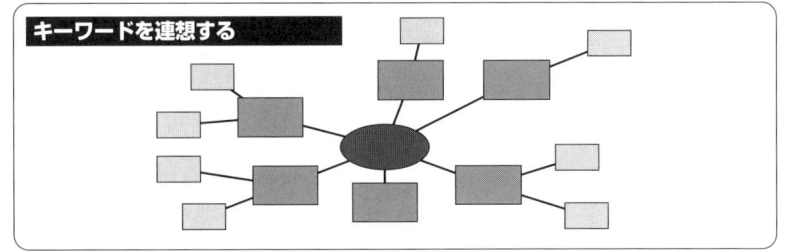

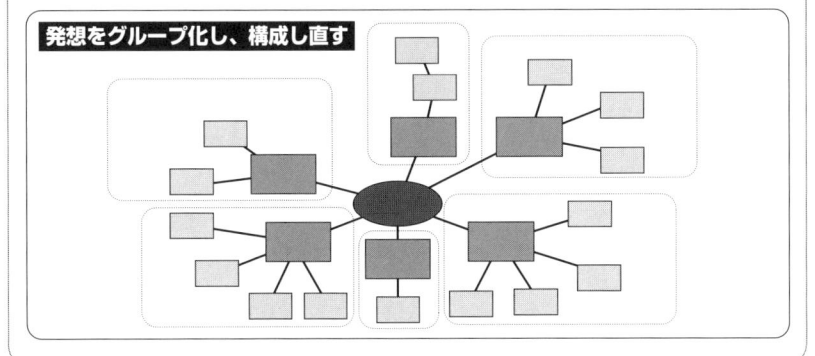

**サブトピックスを考える**

**キーワードを連想する**

**発想をグループ化し、構成し直す**

155

山崎：「まず真ん中にテーマをおくのですね」
田中：「それからサブトピックをおいてと。このサブトピックを考えるのが重要だね」
　こうしてメンバーで話合って出たマインドマップをつくり終えた。
明日香リーダー：「じゃあこれを高嶋先生に依頼して、バーチャルなカタログにしてもらおう。当然これだけではわからないので、簡単なラフスケッチも用意した方がよいね」
　こうして高嶋コンサルタントと何度かメンバーはやり取りをして、バーチャルカタログができた。その後これを持って営業の田中が、ホームセンターにプレ商談をして反応を確認した。
　数日後のこと、勢い込んで走ってきた。
田中：「このシリーズはいずれも面白いと言われました。でも当面は、入門者向けであまり本格的でないものからつくったらということでした」
明日香リーダー：「そうか。では当社の技術も活かせてできるものをまず選んでいこう。残されたものについても、アイデアとしてはストックしておいてシリーズ化していけば良いね」
　かなり確かな反応に今までの苦労が報われる思いがした。もちろん道半ばではあるが、このプロジェクトが軌道に乗りつつあることの実感をかみ締めていた。こうしてＥＧシリーズの第一弾としてミニチュアガーデニングセットが選ばれ、さらに詳細な検討に入ることになった。

## コンセプトを固めよう

　コンセプトとは何か？　生み出した商品アイデアが競合商品と比べて、どう違うのかを簡潔に言い表したものと言える。
　この段階では今まで言葉で表されていた開発商品を具象化し（姿・形がわかるようにする）、さらにその商品の持っている特徴を明確にした上でコンセプトを固める。これにより新商品企画書の骨格ができるのである。

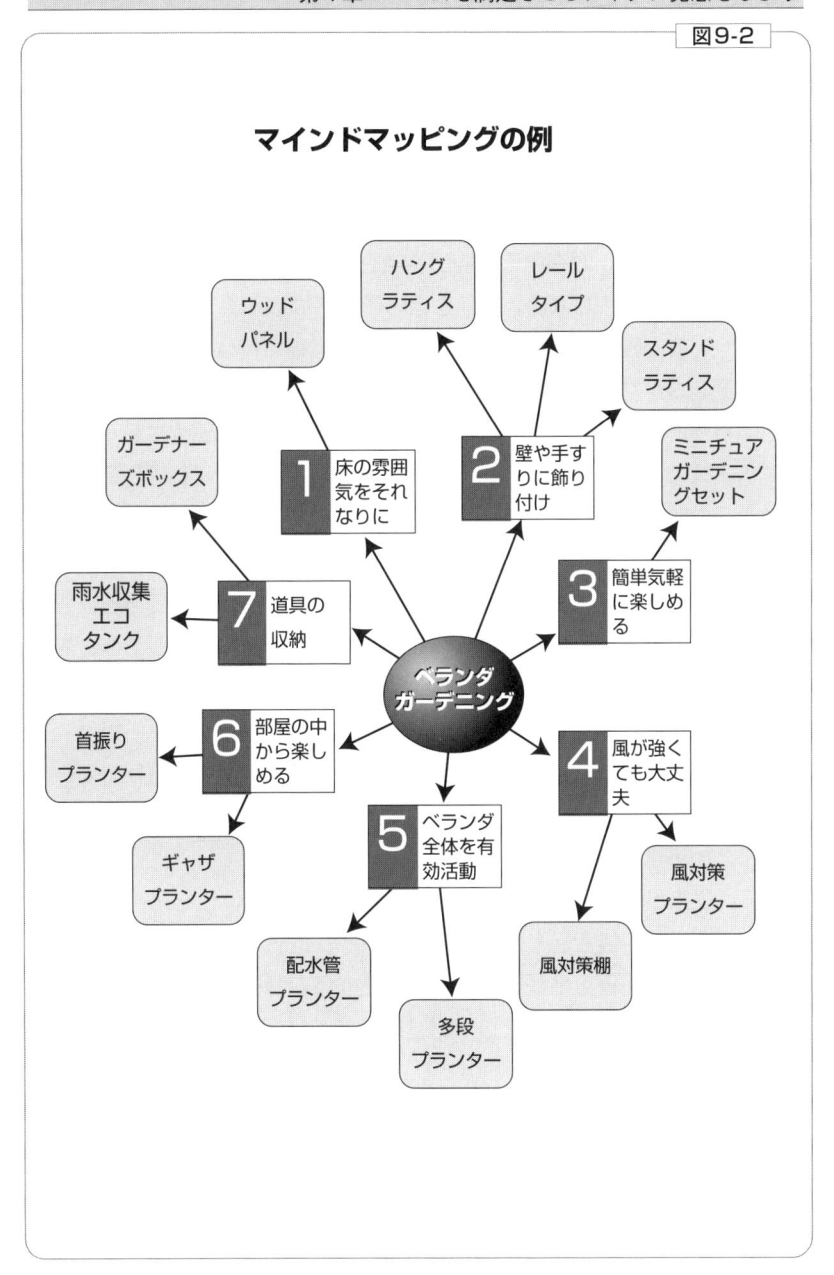

第4章●ニーズを満足させるアイデア発想をしよう

図9-2

## マインドマッピングの例

- ウッドパネル
- ハングラティス
- レールタイプ
- スタンドラティス
- ガーデナーズボックス
- ミニチュアガーデニングセット
- 雨水収集エコタンク
- 首振りプランター
- ギャザプランター
- 配水管プランター
- 多段プランター
- 風対策棚
- 風対策プランター

中心：ベランダガーデニング

1. 床の雰囲気をそれなりに
2. 壁や手すりに飾り付け
3. 簡単気軽に楽しめる
4. 風が強くても大丈夫
5. ベランダ全体を有効活動
6. 部屋の中から楽しめる
7. 道具の収納

## STEP-3まとめ
## 商品コンセプトの設定

**実施手順＜図9-3使用＞**

**手順1：新商品アイデアにふさわしいネーミングをつける**

　商品名はコンセプトを体現するものである。したがって慎重につけなくてはならない。顧客がその商品名を理解し、ニーズを満たしていることが即わかるものがよい。しかしこの段階では仮決めでつけよう。

　どうしても難しかったら、このシートの最後に行ってもよい。もうひとつ気をつけなければならないのは商標の問題である。すでに登録されているかどうかも調べなくてはならない。できれば弁理士に頼んでデータベースの検索をしてもらおう。また地名などの一般名称は商標登録できないのでやめておく。

**手順2：新商品案のラフスケッチを描く**

　この時点でイメージできる可能な限りのスケッチを描いてみる。もちろん上手である必要はない。要は商品案がしっかりイメージでき、特徴が表れていればよいのである。補助線を言葉で引いて補足しよう。

**手順3：開発商品の持つ特徴・提案を記述する**

　開発商品の持つ特徴は何かを考えてみよう。まず機能に着目してみて特徴がないだろうか。そこから考えてみよう。さらに価格や配慮していることがあればそれも記述する。

**手順4：従来品・競合品と比較しての改善・改良・優位性を記述する**

　次に従来品や競合品と比較してみてどこが改善されたのか、改良されたのか、差別的優位性があるのかを記述する。特徴・提案はどちらかというと製品の機能に着目をして記述したのに対してこの項目は、顧客がこの商品を使って満足する点はどこかを中心に記述する。

**手順5：開発商品のコンセプトを記述する**

　コンセプトを固めるには次の観点から考えるとよいだろう。

　①あれもこれもと欲張らない。

　　よく「その商品コンセプトは何か？」と問うと、長々と説明調で応え

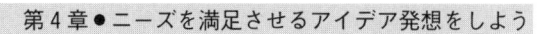

第4章 ● ニーズを満足させるアイデア発想をしよう

図9-3

## 商品コンセプトシートの記入法

開発製品のアイテム名（またはネーミング）を記入する

製品案に基づき製品の具体的な造形イメージをスケッチする。

開発製品の持つ新鮮で魅力的な特徴・提案を用途・機能上から説明する。

製品概要の特徴を開発与件の要素として項目を立てて説明する。従来製品（競合品を含む）に対する改善点、改良点、優位性など製品価値向上、差別化を意識する。

開発製品のコンセプトをコトバで表現する。単なる商品説明にならないように、20文字程度

---

STEP-3　商品企画段階　　　　　　　年　月　日
まとめ　商品コンセプトの設定　　氏名

- 商品名
- 商品案（スケッチ）
- 開発商品の持つ特徴・提案
- 従来品や競合品と比較しての改善・改良・優位性
- 開発商品のコンセプト

られることがある。たとえば「簡単に動かせて、ある程度きちんとした感じを与えるガーデニングセット」というようにである。コンセプトは簡潔になるべくなら1つか2つの中心的な概念を示すのがよい。

②削ぎ落としてシンプルにする。

したがって、とりあえず文章で表してみて、どんどん削ぎ落として見るとよいだろう。削ぎ落として意味がピンとくるかどうかである。

③シンプルにした後、特徴づける

どんどんシンプルにするとどこかで聞いたことがあるフレーズになったり、全然特徴が見えなくなったりする。そうしたら、その商品アイデアがどう特徴づけられるのかを考える。

④他社と違った土俵をつくる

その時、競合との関係を考える。競合他社商品と同じ土俵で戦っていては違いが出ないのであれば、その土俵とは違ったところを見つけるとよい。

⑤時代を表す魅力的な言葉で表現する

ここでまた社会環境を分析したことが生きてくる。時代を表すキーワードを思い浮かべて、それを取り込んだ表現とする。

⑥徹底した差別的優位性をつくり上げる

今まで述べてきたことに共通するのだが、競合他社商品と比べてどこが違うのかをエンドユーザーにわるように表現してみる。大体コンセプトは、20文字以内ぐらいで現されることが多い。

もう一度第1章の4の「捨てる。絞り込む。商品コンセプトを研ぎ澄ます」の項目を読み返して欲しい。

もうひとつの方法は、世のヒット商品のコンセプトを再度点検してみることである。これもステップ1で行ったヒット商品分析で取り上げた商品のコンセプトがどのように表されていたかをチェックするとよいだろう。多分簡潔な言葉で上述のことが言い表されているはずである。

第4章 ● ニーズを満足させるアイデア発想をしよう

図9-4

## 商品コンセプトの設定（例）

| 商品名 | ミニチュアガーデニングセット |

**商品案（スケッチ）**

**開発商品の持つ特徴・提案**

1．プランターの3倍の大きさ
2．キャスター付で移動が自由
3．ラティスをはずして部屋に置くことも可能
4．オプションパーツでライトアップも可能

**従来品や競合品と比較しての改善・改良・優位性**

1．狭いスペースで、このセットを置くだけですぐにガーデニングが始められる
2．移動が簡単なので気分を変えたい時にすぐ動かせる。掃除も便利
3．園芸用品が外に見えず収納できる

**開発商品のコンセプト**

ベランダでたちまちガーデニング、移動もらくらく簡単セット

**シミュレーション**

榊原サブリーダー：「開発商品の持つ特徴・提案から考えてみようか」

　皆で討議してキャスター付で動くこと、ラティスがはずせることなどが出された。さらに従来品と比較しての差別的優位性についても全員で討議した。特徴から考えられる魅力について意見が出されて表のようにまとまった。最も論議が白熱したのは、商品コンセプトを文字として表現することであった。結局「ベランダでたちまちガーデニング、移動もらくらく簡単セット」に落ち着いた。

　ここまできてようやく商品名をどうしようかという話になったが、皆で案を3〜4案ずつ出して「ミニチュアガーデニングセット」に落ち着いた。

第4章●ニーズを満足させるアイデア発想をしよう

## ＜第4章の工程を更に詳しく知りたい人は！＞

　本書は、ヒット商品開発の全工程に必要な手法を、余すことなく解説しているが、第4章のアイデア発想からコンセプトづくりの工程を、もっと詳しく知りたい人は、姉妹本の『「アイデア」量産ノート』(明日香出版社　馬場了　河合正嗣　共著) を参照することをお勧めする。

　紹介する本は、開発仮説設定からテーマの確定、大量のアイデアを発想・収束し売れる商品コンセプトに仕上る重要工程に絞込み、多くの具体的商品テーマで徹底解説している。紙面で学んでから自分でやってみる！体験型の実戦的トレーニング本になっているのが特徴だ。

　『＜ヒット！＞商品開発バイブル』で商品開発全体の基盤能力を身につけたら、次に『「アイデア」量産ノート』で商品開発の重要工程を学び、商品開発の実践能力を身につけよう！！

# 第5章

# 売れる商品づくりと売り方の計画をしよう

**商品開発プロセスSTEP-4**
## 商品開発段階

　ステップ3の商品企画企画書は売れそうなアイデアが盛り込まれていますか？　3人寄れば文殊の知恵と言うとおり、開発メンバーの多様な価値観から発想されるアイデアの量が重要です。楽しいアイデアを発想するムードを持った会社になることも成功の秘訣です。
　さて、いよいよ商品開発の総仕上げの段階に入ります。ここでは、商品デザインと設計業務が実施されると共に、流通販売に関わる市場導入を計画する多くの仕事が控えています。
　「企画はよかったけど商品がね……」などと言われないためにも頑張らなければいけないのですが、そのためには徹底した連携プレーが絶対必要です。なぜかというとこの段階からは多くの部門間にわたる仕事が増えるからです。
　それをマネージメントするのがステップ3で構築した「商品コンセプト」です。第6章の商品開発マネージメントを参考にし、全社一丸となって商品開発の総仕上げを行ってください。

［目　的］
商品企画に基づいて魅力的な商品を開発しよう
［活　動］
ブロック１０・商品デザイン
　　ヒト　商品コンセプトのベースに設計と協力して魅力的な商品の造形を
　　　　　開発しよう
ブロック１１・商品設計
　　モノ　デザインと２人３脚で顧客の期待に応える機能・性能・品質の商
　　　　　品を開発しよう
ブロック１２・市場導入計画
　　バ　　商品と顧客の出会いの場を設定し商品を市場へ流通させよう
［成　果］
商品デザイン　商品設計　市場導入計画書

| | ヒト(顧客) | モノ(企業・製品) | バ(市場) |
|---|---|---|---|
| STEP-1<br>企業環境分析段階 | ブロック1<br>社会環境分析 | ブロック2<br>社内環境分析 | ブロック3<br>業界・市場環境分析 |
| | 自社の強みを活かした大まかな開発方向の決定・評価 | | |
| STEP-2<br>商品開発計画段階 | ブロック4<br>生活者（顧客）<br>ニーズの把握 | ブロック5<br>自社シーズの<br>応用と展開 | ブロック6<br>市場での<br>ニーズ確認 |
| | 新しい需要を創る商品開発計画の決定・評価 | | |
| STEP-3<br>商品企画段階 | ブロック7<br>顧客の立場からの<br>アイデア展開 | ブロック8<br>製品機能からの<br>アイデア展開 | ブロック9<br>売場要素からの<br>アイデア展開 |
| | 売れる商品企画案と事業企画案の決定・評価 | | |
| STEP-4<br>開発段階 | ブロック10<br>商品デザイン | ブロック11<br>商品設計 | ブロック12<br>市場導入計画 |

## STEP4の内容と狙い

デザインを優先すべきか、機能（設計）を優先すべきかという質問をたびたび受ける。これはデザインの理解不足からくるナンセンスな質問だ。

よいデザインの条件は、第1章の「6つの条件で満たすとヒット商品になる」の項と第6章の「評価」で詳細に述べてあるが、顧客にとって便利な機能を使いやすい色と形に仕上げる使命がデザインの役割だ。

デザインは芸術作品をつくる仕事ではなく、人と技術の間に立ちその関係性を整える役割を果たすのだ。このようなデザイン開発を実践するには、専門の教育を受けたインダストリアルデザイナー（プロダクトデザイナー）に相談するのがベストの選択である。

しかしデザイナーに依頼し満足する成果を得るについては、デザインのプロセスとデザインのアウトプットを理解する必要がある。このブロックではベランダガーデニングのデザイン開発をシミュレーションしながら、成功するデザイン開発のマネージメントを学んで欲しい。

**6つの要素で満たすヒット商品**
（商品評価基準）
6つの条件を大項目に据え、商品ごとに開発評価項目を設定し
評価を行うことがヒット商品づくりの道

- 環境適合性
- 経済性
- 美しさ
- 商品コンセプト
- 流通販売性
- 使いやすさ
- 生産性

**6つの条件で満たす魅力的な商品**

第5章 ● 売れる商品づくりと売り方の計画をしよう

## STEP-4
## ブロック 10 ヒト　商品デザイン

### デザインの基本的なスタンス

　商品デザイン開発をヒト（生活要素研究）の要素に設定したのは、商品設計が比較的、モノ（製品要素）の起点から製品の性能機能の向上を計るのに対して、デザインは人間と機械の関係性を向上させることが主目的であることが理由である。

　だからといって、エンジニアリングがまったく使う側のことに対して無関心でよいかというわけではないし、またデザインも生産性や流通販売性を無視してよいかというと決してそんなことは許されない。

　しかし、それ以上にデザインは、ヒトの立場に立ち技術的な制約から解放した自由なアイデアを発想することが重要で、商品設計者と共に協力してアイデアの実現を行うべきである。

　商品デザインの進め方は、商品開発と同様にマクロからミクロへ収束するように、コンセプトデザインで方向性を確認し、基本デザインで多くのアイデアを展開、実施デザインでアイデアの最適化を行うのが一般的である。

### デザイン依頼の留意点

　専門のデザイナーに依頼するにしても全て丸投げにしてはならない。最悪なのは「売れて儲かるデザインをしてくれ」などと言うことだ。これは実際によくある話で、デザイナーは全能の神でない、しっかりとした商品開発企画書を提示して、双方納得する明確な到達点を確認することが成功への近道だ。

　デザイナーは製品の色や形を整えるだけではなく、その製品の機構や機能そして存在理由にまで関心を持っている。美しい形を生み出すためには製品の仕組みを理解したいと思い、製品本来の持つ目的を果たすための働

き、機能について新しいアイデアを生み出したいと願っている。
　さらにその製品が真に依頼者やマーケット（社会）にとって有益であるかなど、製品のハードとソフトの根深い部分に関心をはらい、最高のデザインを提供したいと考えているはずだ。そのデザイナーと協力してよい成果を得るために、次の7項目について明確にするとよい。

### 1 デザインの依頼範囲を明確にする
　市場調査や商品計画の立案など、商品企画段階の内容を依頼するのか、形態や色彩を主とした開発段階のデザインワークを依頼するのか、業務範囲を明確にすること。

### 2 依頼テーマの背景など情報を開示する
　企業理念や商品開発コンセプト、市場での商品のポジション、競合商品との関係、販売に関わる情報など商品企画の背景情報を伝える。また企業の現有設備、生産技術、開発に当たっての開発計画書や図面、カタログ、参考商品、試作品など商品開発の情報を伝えること。

### 3 デザインの成果物と日程等条件を明確にする
　デザイン企画書、アイデアスケッチ、図面、模型など、得たい成果物の種類と数量を明確にするとともに、できるだけ余裕のある日程計画をデザイナーと相談して決定すること。

### 4 成果物の権利について明確にする
　一般的には意匠権等工業所有権は考案者に帰属し、実施権はデザイン料の対価として依頼者側が有する。提供されたアイデアがすべて依頼者の所有になるのではなく、通常採用されたアイデアのみに限定され、シリーズ化などへの転用やデザインの一部変更については、デザインの品質を確保する意味からも必ずデザイナーの承認を得なければならない。

### 5 デザイン料金（契約金額）を明確にする
　料金はテーマの難易度と経済効果によって決定する。また料金の内訳は研究や構想等の企画的部分と、それらの結果を表現するアイデアスケッチや図面などの作業的部分および試作外注費、出張旅費などの経費で構成され、近年、企画部分に時間を多く配分し費用をかける傾向になっている。またロイヤリティ方式も一部では採用されているが、相互の信頼

第5章●売れる商品づくりと売り方の計画をしよう

感が基本である。料金に関しては予算や支払い条件を明確にして、デザイナーに相談することがよい方法である。

**6 デザイン担当窓口を明確にする**
デザイン依頼担当者を明確にすることは、トラブルのないデザイン管理をする第一歩。またデザイン決定については、企業経営者とデザイナーの参加により相互の意志疎通をはかることが重要である。それによりデザイナーは企業と商品をより理解し、依頼者はデザインを管理するノウハウが取得できる。

**7 完成した成果物のチェックをデザイナーに求める**
デザインフォローアップの予算は、少額であってもできるだけ用意したい。デザイナーは最後までデザインに責任を持ち、完成度の高い商品に仕上げたいと願っているはずである。試作での立会い確認からカタログ制作、PR計画等いろいろな側面で相談することがデザイナーとの関係を密にする秘訣である。発売後も販売状況を報告し、次の商品開発につながる有効な関係を保つことが重要である。
（財）日本産業デザイン振興会・デザイン活用マニュアルより

とりわけ6番目の留意点が最も重要だ。中小製造業の場合、デザイン担当窓口が一本化されていないところが多く、ある時は技術、ある時は営業と、出てくる担当者が変わるたびに本質的なデザインコンセプトの方向性がぶれてしまうことが少なくない。これは商品コンセプトとデザインコンセプトのミスマッチの原因になる。商品開発をきちんとマネージメントできる社内スタッフを育成する意味でも、窓口の一本化は不可欠だ。しかし、一朝一夕にいくものではない。まず、経営者自身が1年程度、デザイン担当窓口をやってみることが早道だ。経営者自らがデザインマネージメントを実践して、独自のものづくりのスタンスを示せば、商品自身がおのずと会社の顔になり、ブランド構築の手がかりを掴むことができるはずだ。

図10-1

CD-ROM スライド番号 18

**STEP-4　商品開発計画段階**

## ブロック10 デザイン開発依頼書（デザイン情報）

年　　月　　日
氏名

開発テーマ（プロジェクト名）

### ヒト

**主なユーザー像**
夫33歳 妻31歳の子供のいない共働きの夫婦（DINKS）。3DKのマンションに住み、生活に自然を取り入れたいと思っている。

**使用シーン**
通常はベランダに設置（キャスターで自由に移動可）トレリスは着脱式でリビングルームに持ち込むことができる。

**使用環境**
マンションのベランダに設置のため風水対策が必要、避難ルート確保のための工夫を要する。

### モノ

**製品の目的（機能・用途）**
庭を持たないマンション生活の人が簡単にガーデニングを楽しめるキット

**製品の特徴（性能）**
買ってその場で組立るとベランダに庭ができあがる、ワンセットになったガーデニングキット

**生産情報（方式・数量・素材）**
本体（プランター）はブロー成型。トレリスはインジェクション（分割方式）その他小物はオプション樹脂製 2000 ／ LOT

**使用スキル**
ガーデニングの初心者向きで特に知識は不要

### バ

**流通販売（マーケット）**
既存のホームセンター
エクステリア専門販売店

**商品ポジショニング（高級・普及など特徴）**
ハイエンドまで行かないが品質感重視したやや高め

**マーケットシェア**
ベランダガーデニングのカテゴリーはないため100％

**ライフサイクル**
ロングライフを目指したい

**競合商品（企業）**
同一カテゴリーではないがあえて言えば○社と○社の2社が想定できる

### 商品（企画）コンセプト

「窓を開けるとそこはベランダガーデン」
ガーデニング初心者でありながらベテランガーデナーの楽しみを感じたい、庭のないマンション住まいのDINKSのための簡単に設置でき、将来のバリエーション拡大も楽しめるガーデニングキット

### デザインに求めれるポイント　その他

デザインや流行に敏感な都市型生活者であることとDINKS特有のちょっと高め・・・の心をくすぐる商品質感を表現したい。テイスト的にはイングランド調を基本とするが、将来を考えバリエーション展開の可能性も探りたい。

第5章 ● 売れる商品づくりと売り方の計画をしよう

図10-2

CD-ROM スライド番号 ⑲

**STEP-4　商品開発計画段階**

## ブロック10 デザイン開発依頼書（デザイン業務）

年　　月　　日

氏名

開発テーマ（プロジェクト名）

| 発注先 | 担当 | 発注元 | | 承認 | 担当 |
|---|---|---|---|---|---|
| 発注年月日 | 受注年月日 | | 希望納期 | 納期 | |

下記デザイン仕様にて依頼します

| 種　類 | 内　　容 | 数 | 数量 |
|---|---|---|---|
| コンセプト デザイン | デザイン戦略の提案<br>バーチャルカタログにて商品戦略を確認 | | 一式 |
| | パイロットプラン<br>イングランド、南欧、ジャパネスクの3方向テイストデザイ | | 3点 |
| 基本デザイン | アイデア展開（多方面のアイデアを提供）<br>パイロットプランで選定されたデザイン展開案 | | 5案 |
| 実施デザイン | レンダリング<br>基本デザインで決定された詳細デザイン | | 一式 |
| | デザイン図面<br>外形及び基本構造が理解できるデザイン3面図 | | 一式 |
| モデリング 版下 試作 | モデリング（ペーパーモックアップ・ワーキングモデル）<br>モデリングの完成時にデザイン評価をお願いいたします | | |
| | マーク・色彩・型式など<br>ASUKAブランドのリニューアル、商品ロゴタイプデザイン | | 各3案 |

日程計画

| コンセプトデザイン | 基本デザイン | 実施デザイン | マーク・色彩ロゴタイプ |
|---|---|---|---|
| 1ヶ月 | 2週間 | 2週間 | 1ヶ月 |

添付資料

　　競合メーカーカタログ一式、商品企画書、グループインタビュー資料一式

※印資料はデザイン完了時に返却いしてください

委託費用

*171*

# コンセプトデザイン

　コンセプトデザインとは商品コンセプトを明確にするオリジナリティーあふれる「形」にすることである。デザインに対する大きな方向性は、ステップ3の商品企画書の中で商品コンセプトとして触れられているが、その段階では言語や図式での表現のため曖昧さが残る。そのために商品コンセプトのビジュアライズを行い、誤解のない明確なイメージで定着することが必要になる。

　またコンセプトデザインに対しては、デザイナーに独自の感性と創造性を発揮させ、言語では表現できない新しい提案も期待すべきだ。そのような観点からコンセプトデザインは言語による商品企画段階と、製品化を目指す商品開発段階の「橋渡し」的な役割を担うことになる。

　ブロック7で示した仮想カタログは、仮説段階のコンセプトを評価するために作成されたコンセプトデザインのひとつであると考えてよい。この例にあるようにコンセプトデザインは、商品開発段階だけではなく、商品開発計画段階や商品企画段階であっても「ある考え方を目に見える形にする機能」として積極的に活用すべきだ。デザインを有効活用する企業は商品企画書にコンセプトデザインを添えることも多い。

　ステップ3の企画段階にせよ、ステップ4開発段階にせよ、デザインの大きな方向性を定めるために、商品企画書の中核となる商品コンセプトの条件を満足させつつデザイナーのオリジナルな創造性を加え、いくつかのデザインイメージ（色、形、素材感など造形的要素）で表現することがコンセプトデザインの役割だ。

## シミュレーション

　明日香樹脂は従来からデザイン会社に商品デザインの依頼をしていたが、今回の新しい開発手法を採用したのをきっかけに、より戦略的にデザインを活用することにしていた。すでに商品企画段階からデザイナーにプロジェクト参加を求め、商品コンセプトをビジュアライズしたバーチャル

第5章 ● 売れる商品づくりと売り方の計画をしよう

カタログを作成したことについては解説済みである。

また今後積極的にデザインを活用するために、デザイナーとのコミュニケーションを確実に行う「デザイン開発依頼書」を、デザイン会社と相談して作成した。これは双方が開発のテーマをより深く理解し、ヒット商品を確実につくり出すための書類だ。

ブロック7でのテストマーケティングの結果、ベランダガーデニングの基本コンセプトは認知され、その中でもグルインやＫＪ法でまとめた結果と同様に、ミニチュアガーデンセットが好評であることから、第1段に市場投入を行う商品として決定された。

しかし、この段階ではまだ商品の色、形、素材感などデザインテーストは未決定であるために、コンセプトデザインではいくつかのデザインテーストをシミュレーションし、顧客の望む商品デザインの方向性を決定しようとした。

山崎：「デザイナーとは商品企画書をベースに打ち合わせを行いコンセプトデザインの作成を依頼してあります。今回はタウンウオッチングの結果から、デザインの幅を少し広げて検討したいと思いました」

明日香リーダー：「具体的にはどのように依頼したのだね」

やはりデザインに関しては社長として関心を示さざるを得ないらしい。

山崎：「最初はガーデニングというと発祥の地である英国テーストが無難だと思ったのですが、タウンウォッチングの結果や最近のデザイン傾向からジャパネスクや南欧テーストも捨てがたいと感じて、デザイナーと協議した結果その3方向でイメージを出していただくように依頼しました」

高嶋コンサルタント：「私も立ち会ってチーフデザイナーにアドバイスしましたが、今回は結果的に一方向のデザインテーストに絞るとしても、いずれ他社が参入してきた時にはデザインバリエーションが必要になると思います。そんな意味からも、今から手を打っておいた方がいいでしょう」

2週間後、コンセプトデザインが英国、南欧、ジャパネスクの3方向と

して提案された。いずれも今までの明日香商品にはない品質のデザインで、プロジェクトの商品企画を十二分に理解したデザインが提案された。

　慎重に討議された後に、初期投入商品としては英国ガーデンテーストのコンセプトに決定し、その後市場状況を見ながら順次新しいデザインテーストの商品を投入することにした。

　プロジェクトが立ち上がって約半年。ここまでは言語と図表や数字を中心とした企画の仕事だったが、ようやくプロジェクトの考えに形が与えられると、メンバー全員の気持ちが高ぶってきているのがよくわかる。明日香リーダーは社長の顔になって、今までの労をねぎらいつつ基本デザインの推進を指示した。

　コンセプトデザインとは、言語で表された商品コンセプト＝ユーザーベネフィット（お客さまに差し上げるご利益）を、可視化・ビジュアル化して、目に見えるようにすることだ。その作業の手助けになる情報は、商品コンセプトシート（p161）とデザイン開発依頼書（p170・171）で克明に指示されている。それらの情報によって、商品の機能や仕様など理屈で理解できる内容は、しっかりデザイナーに伝えることができる。しかし、もう一つ、商品の感性的イメージはなかなか伝えることが困難なのだ。そこで出番になるのがコンセプトデザインだ。

　ここでは、プロジェクトメンバーが構築した商品コンセプトと、デザイナーの発想するアイデアの相乗効果によって、都市型生活者のライフスタイルと、商品に対する価値観にフィットする３方向のコンセプトデザインが表現された。いかがだろうか？このように商品コンセプトを言葉で定義したからといって、そのまま一つのデザイン方向が定まるわけではない。売れる商品開発を目指すのなら、必ず、**商品コンセプトをデザインコンセプトに変換する工程**を入れて欲しい。この段階では、構造や生産性またはコストなど、あまり細かなところに目を奪われないようにすることも大切だ。

第5章 ● 売れる商品づくりと売り方の計画をしよう

図10-3

# ミニチュアガーデニング　コンセプトデザイン

デザイン
コンセプトは
これを選択

● 英国テースト

● 南欧テースト

● ジャパネスクテースト

## 基本デザイン

　コンセプトデザインで商品の性格が決定された後に、基本デザインでは、さまざまなアイデアを展開し商品の魅力づくりを行う。

　基本デザインの初期は、デザイナー自身がわかる範囲の簡単なスケッチでアイデア展開を行い、それを結合しいくつかの特徴を持った基本デザイン案にまとめるのが一般的である。

### シミュレーション

　デザイン担当窓口の山崎は商品企画書やステップ3で行ったブレーンライティングと逆設定法のシートをテーブルの上におき、デザイナーと基本デザインについての打ち合わせのためデザイン要件の説明を始めた。

山崎：「ミニチュアガーデニングの**基本的な構成はプランターとラティス、そしてハンガープランターなどの小物パーツで成り立っています。大型のプランターは引き出しつきで、この中にはメンテナンスキットを収納したいと思っています**」

　デザイナーはメモを取りながら真剣な表情で聞いている。

山崎：「**ラティスはプランターに簡単に差し込めるようになっています。できればベランダの寸法や設置の関係で、自由な取り付け位置を選択できるようにしたいんです。またインテリアのグッズとしてリビングに持ち込みたいといったアイデアを活かして、着脱性を考えて欲しいと思います**」

デザイナー：「そうするとラティスにミニプランターをセットしたまま、インテリアグッズにしたいというニーズですね。ラティスの下にスタンドがセットされてリビングルームで自立して、それがパーテーションになるといったアイデアはどうですか？」

山崎：「いいですね！　私たちもブレーンライティングでそのアイデアが出たんですよ。**自然が大好きだけど庭がなく、ガーデニングが楽しめないディンクスの忙しい2人が、自分たちで簡単にベランダやイ**

## 第5章 ● 売れる商品づくりと売り方の計画をしよう

ンテリアをイングランドの森にするような、素敵なデザインをお願いします」

　山崎君のミニチュアガーデニングに対する夢や熱意に打たれて、やがてデザイナーもさまざまなアイデアを出し、密度の濃い打ち合わせが続いた。

　約2週間後、デザイナーから数案のミニチュアガーデニングの基本デザイン案が提案された。

　デザイナーがデザインの意図を解説する。「このテーマで一番大切にしたのはロングライフで高品質性です。目の肥えた都市型生活者のディンクスを満足させることと、競合他社の商品に対して優位なポジションを占めるためには、このことが欠かせません……」

　デザイナーの解説は続く、プロジェクト全員は自分たちが考えた企画が、期待以上のデザインになって提案されたことに満足をしていた。

デザイナー：「大型プランターとラティスはコンピュータで言うとOS（オペレーティングシステム）と位置づけましょう。メンテキットとミニプランターやその他アクセサリーは、プログラムソフトだと考えてください。そのような点から大型プランターとラティスは、それらのアクセサリーをしっかり受け止める機能を持ちたいと思います。そういうことでOSはロングライフのしっかりした機構と構造にして、年々新しいアクセサリーを開発していくべきだと考えデザインをしました」

明日香リーダー：「大変興味深い提案ですね。つまり製品寿命をロングライフにすると共に、市場における商品寿命もロングライフにしようという考えですね」

デザイナー：「その通りです」

明日香リーダー：「今は無駄なモノをつくってどんどん消費させてはいけない時代です。特に生活日用品メーカーは自戒の念を込めて、本当によい商品をつくらなければいけないと思っています。どうです

か？　いい機会です。ご提案いただいたロングライフを明日香のモノづくりのコンセプトにしませんか？」
高嶋コンサルタント：「大変よいコンセプトだと思います。それとお客様とのロングライフのおつき合いも達成できますね。つまりＯＳを一度お買い求めいただくと、そのＯＳに合わせた魅力的なアクセサリーを提供し続けることで、長いおつき合い関係ができるわけですから、これからの商品開発の基本ですね」

　基本デザインは、商品開発の根幹に関わる新しい魅力的なコンセプトを得て承認され、実施デザイン段階に進むこととなった。

　第4章で大量のアイデア発想を行ったように、基本デザインでは、デザイナーがデザイン的なアプローチ（独自の発想法）によって、多くのデザインアイデアを生み出す工程だ。同じアイデア発想でも、デザイナーは思考の手順が異なる。だからデザイナーに依頼する価値もある。しかし、良い商品をつくろうとする目的は一緒だ。だから心配しないでデザイナーにアイデア発想シートなどを呈示すると良い。デザイナーは、言葉で表したアイデアを左脳で論理的に理解したの後、右脳に手渡し「イメージ把握」をするのだ。次にそのイメージをスケッチで展開して、異なるアイデアに発展・進化させる得意技を持っている。

　このようにデザイナーは、商品コンセプトという定性的で客観性のある左脳情報を、**右脳によって「解釈」し直し、客観性を踏み外さない範囲で、新しい解釈を行いビジュアル化するのだ。これがデザイン発想なのだ。**だから、デザイナーにあまり多くの情報を渡すと、それに影響されてオリジナリティーが期待できないのでは？などと、不安に思うことは決してないのだ。

　デザイナーの個性やオリジナリティーとは、この「解釈の質」そのものである。より良いデザインを手に入れるためには、デザイナーの「解釈の質」と、自社の「ものづくりの理念」とのマッチングが大切だ。

第5章●売れる商品づくりと売り方の計画をしよう

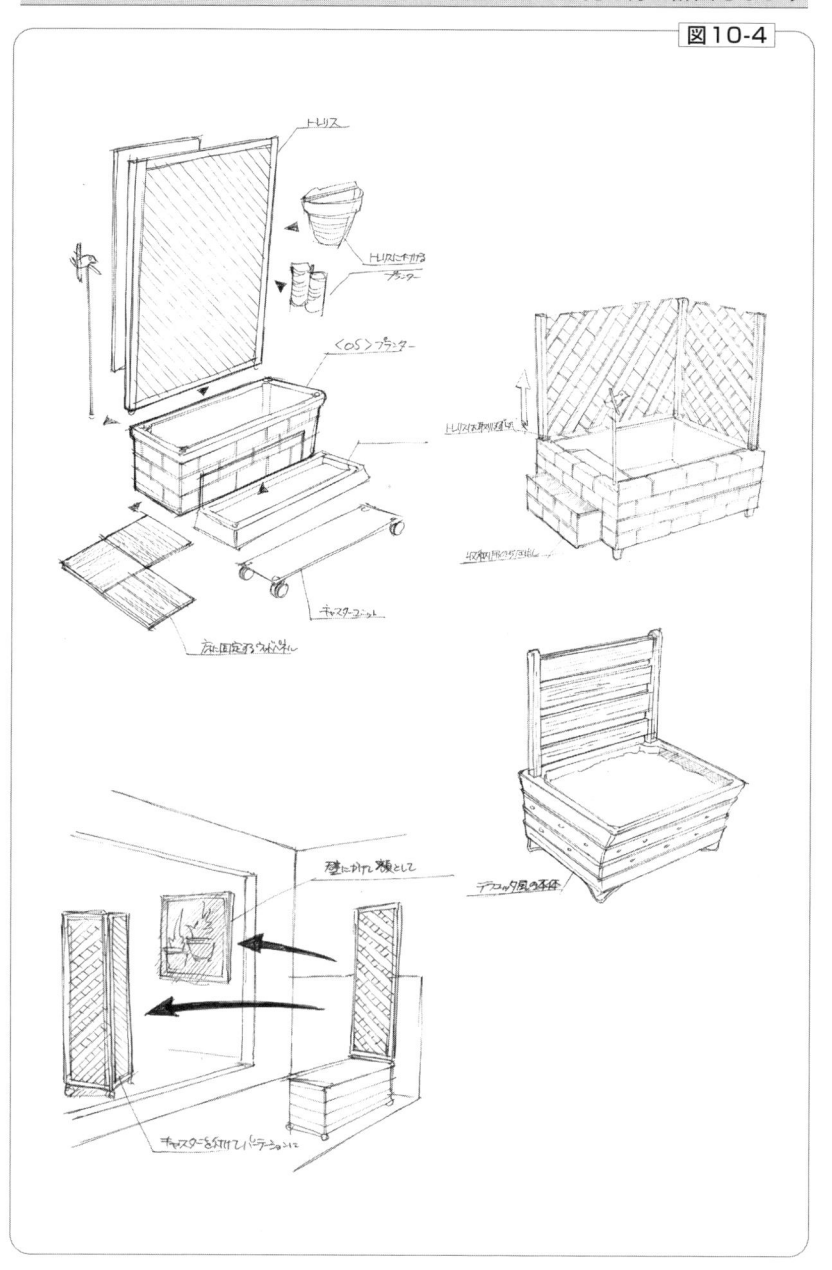

図10-4

## 実施デザイン

　基本デザインで決定されたデザイン案の改善を行い、平面上でのデザインを完成させるのがこの段階である。
　この段階ではデザインの基本構成は決定されているはずである。従ってデザインの目指す造形的、機能的、使用する人との関係性などについて、生産的合理性やコストなどの条件もふまえて細部にわたり、製品化のための検討を加える。

### シミュレーション

　思いがけない成果を得て基本デザインが完成し2週間ほどたった後、実施デザインが完成した。
　基本デザインで十分に考え方やスペックが決まっていたために、実施デザインはサイズ、素材、細部の機構、組み立て性、生産性などについてが主な検討事項となった。
　提示された成果物はレンダリングと称するもので、アイデアスケッチよりも完成度の高い質感も表現されたスケッチだったと、それに添えて概略寸法の入ったデザイン図面も提示された。そこには大型プランターはブロー成形、その他は射出成形と指示され、成形性も考慮された形状になっている。もちろん樹脂の素材も明記してあった。
　榊原サブリーダーは、そうか工業デザイナーの仕事とはこういうものなのかと感心していた。

榊原サブリーダー：「スケッチから、どのように寸法を拾って設計図に落とし込んだらいいのか悩んでいたのですが、ここまで詳細な情報があれば設計が楽ですね」
デザイナー：「もし必要であればデータをお渡しします」
　この分では少々遅れ気味の時間も取り戻せそうだとサブリーダーは考えていた。
デザイナー：「設計に入る前に原寸サイズのモデルをつくって、実際のベ

第5章●売れる商品づくりと売り方の計画をしよう

図10-5

ミニチュアガーデニング　レンダリング

ランダでシミュレーションすることをお勧めします」とアドバイスしてくれた。榊原サブリーダーは以前からその点を心配し、すでに試した予算の確保と、外注手配をしておいた。

　約２週間後、外部の試作会社に依頼していたミニチュアガーデニングのモデルが完成した。そのモデルを最近新築したメンバーの田中君の家に持ち込み、実際にフィールドテストを行うことにした。デザイナーや田中君（ディンクス）の奥さんも参加して検証を行った。
　基本機能やデザインはほぼ満足であり、何よりも予想以上にベランダを豊かに演出する効果があることに今さらながら驚いた。
田中：「これは売れるぞ。いや売ってやる」
　田中さんの奥さんをはじめ佐藤、脇屋さんのガーデニング博士コンビが中心となってデザイナーと山崎君も加わり、一つひとつ細かな改善点のチェックを始めた。

　ここまでほぼ８カ月、やっとプロジェクトのプランが触れる現物となって目の前にある。明日香社長は喜びを押さえながら、生産準備と市場導入のことを思いめぐらしていた。

第5章●売れる商品づくりと売り方の計画をしよう

## マーク・色彩計画

　製品が商品となり市場にデビューするためには、生活者の感性やおかれる環境に適合した色彩計画と共に、企業の信頼の証としてブランドマークなどが添えられることになる。

### シミュレーション
　新生明日香樹脂の第一段商品として旧来の堅実一本槍のイメージから、楽しく創造的なコーポレートイメージを伝えたいと思った担当の榊原サブリーダーは、ベランダガーデニングの商品マークとロゴタイプと共に、慣れ親しんできたアスカブランドマークのリニューアルをデザイナーに依頼していた。
　デザイン依頼に関して「創造生活21」で協議した結果、次のデザインコンセプト条件を設定した。

(1) **ブランドマークのデザイン要件**
① 楽しく明るい企業イメージ
② 創造的で提案する企業イメージ
③ 確かな技術と信頼感
　（企業活動を表す企業ステートメントの開発も含む）

(2) **商品マークとロゴタイプのデザイン要件**
① 都市型の商品イメージ
② 女性が簡単に扱える商品イメージ
③ 日用品のチープさからワンランクアップの感覚

図10-6

# Enjoy Gardening

**EG**
Enjoy Gardening

第5章 ● 売れる商品づくりと売り方の計画をしよう

## STEP-4
## ブロック 11 モノ 商品設計

　商品設計はデザイン開発と共同歩調をとり活動を行っていくことになる。本書ではメーカーとして日常的に設計活動を実践している企業を対象としているため、そのプロセスのみを確認する意味で表記する。

### 基本設計
　機能、使用性の確認のために設計コスト検討も含めて行い、製品として必要不可欠な基本条件をクリアする。
### 試作・実験・評価
　実寸モデル、プロトタイプを制作し工学的実験や加工試験を行い、生産性についての課題もクリアする。
　生産設計・精算設計
　ロット数、制作図面、工程設計、加工条件などを設定して、スムーズな生産に移行する準備を行う。
### 試作テスト・使用実験
　商品開発の仕様に定められた内容をベースにチェックリストを制作し評価を行う。その場合は調査、企画、開発、デザイン、設計の一貫した基準の下で推進し、一貫した同一の基準で評価する。

### 量産準備
　このステップは、研究開発的な課題を解決した後の製品設計の行程を表している。デザイン開発担当と十分に話し合い、設計とデザインの行程を融合し、商品設計に最もよいプログラムを組むことがヒット商品設計の秘訣だ。

## STEP-4 ブロック12 バ　市場導入計画

### 新商品企画を5W2Hで捉える

　商品の仕様と商品コンセプトが決まれば、それで商品企画書は完成ではない。商品企画書とするのには、その生み出された新商品アイデアが、実現可能なものであるとわからせるポイントを表現しておく必要がある。

　なぜならば、新商品企画を実現するにはアイデアの中間評価を受け、採用になったアイデアを研究開発テーマにして予算をつけて、さらに進めるということになるからである。ここで有効なのは5W2Hである。

　商品アイデアは**何**（WHAT）で表されているので、それ以外の4Wをきちんと考えよう。**なぜ**（WHY）この商品企画をするのか、**どこで**（WHERE）実施するのか、**誰が**（WHO）誰に向けてするのか、**いつまでに**（WHEN）するのか、**どのように**（HOW）するのか、**いくらで**（HOW MUCH）開発するのか、そしていくつ売るつもりなのかが具備されているものである。

　これらのチェック項目が埋まらないのであれば、それは絵に描いた餅であろう。また、この各項目が埋まらないのは、単なるアイデアではなく、思いつきの寄せ集めに過ぎないかもしれない。思いつきでは、新商品企画はできない。

### 完璧が条件ではない、タイミングが条件である

　ただし、この段階では、「およそこのように」という概算なり、やや観念的なものでもOKである。それはこれからのプロセスにおいて何度も再確認・検証を繰り返し、リスクを少なくしていくからである。

　しかし、完全な情報が集まるまで評価しないとなると好機を逸する恐れがある。数あるアイデアの全部について詳細なデータが集まらない限り、評価しないとなると調査費用もばかにならない。検証の確度とタイミング

が重要なのである。それでは次から市場導入の検討について順番に見てみよう。

## なぜこの新商品企画をするのか（開発の目的と効果）

### (1) 企画の動機

最初に記述するのは、この項目である。新商品開発には大きく分けて既存商品のリニューアルと従来にない新製品と2つがある。企画の動機としては、そのどちらなのかを明確にする。

### (2) 企画の目的

さらに、社内環境の分析で明らかになった現在おかれている自社の状況から考えて、開発の目的は何なのかを明確にする。**①新市場を既存技術で開拓していかなければならないのか、②既存市場を新技術で開拓していくのか、③新市場を新技術で開拓していくのか、④既存技術で既存市場をさらに深掘していくのか**を明らかにする。

そして、なぜそうしなければならいのかを記述するのである。社会環境や業界・市場の傾向から考えて、たとえば①このままでは主力製品が先細りになりそうなので、ぜひとも開発して投入しなければならないから、②画期的な新技術が生み出せたのでこれを生かしたいから、③調査をした結果エンドユーザーが望んでいるものが見つかったからなのか、などである。

### (3) 市場への効果・自社への影響

この新商品開発が成功したら（あるいはこの開発に取り組んだら）どのような市場における効果が得られるのかを書く。

たとえば**①画期的な新商品としてシェアが取れる、②ニッチな市場に確実に足場を築くことができる**、などである。

さらに、自社に与える影響についても記述する。この新商品開発をすることによって、たとえば①社内の新商品開発スタッフの育成ができる、②

新技術が導入できる、③新しいルートが開拓できる、④新しい広告・宣伝がトライできる、などである。

これらはすべて例としてあげているだけなので、自社のおかれている状況で記述は考えよう。

## シミュレーション

「創造生活21」のメンバーはさっそく再度この企画の動機を考え始めた。

明日香リーダー：「そもそもこのプロジェクトのできた経緯を考えたらよいのではないかな」

本当は言いたいがここはぐっとこらえて皆の意見が出るのを待つ。

榊原サブリーダー：「今までの延長線上では価格競争に巻き込まれるばかりですから、独自のマーケットが築きたいというのが動機でしたよね」

佐藤：「そうそう、この企画そのものも新市場を創造することによって顧客に密着したいからですよね」

明日香リーダー：「じゃあ目的は何かな」

田中：「そりゃあ、このプロジェクトを通じてわかったターゲットのニーズに応える新商品開発でしょう」

山田コンサルタント：「もう少し具体的シーンを想像しながら考えてみたら」

と提言があったので、皆で考えた。プロジェクトも最終局面に入り、立ち上がり当初に比べればどんどん皆が意見を出してくれるのを、明日香リーダーは頼もしく見つめていた。

山田コンサルタント：「じゃあどんどんいきましょう。市場への効果と経営効果はどうでしょうか。ここでなぜこのことを確認しているかというと、この新商品企画がなぜ行われるのかという確認を、今までこれに携わってこなかった人にも理解・納得してもらいたいからなんですよ。また皆さんの確認でもあります」

また、いろいろな意見が出たが話し合った結果図12-3のようになった。

第5章●売れる商品づくりと売り方の計画をしよう

図12-1

# 目的と目標の考え方

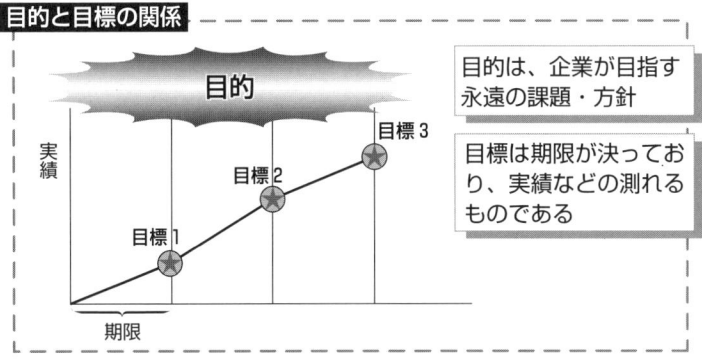

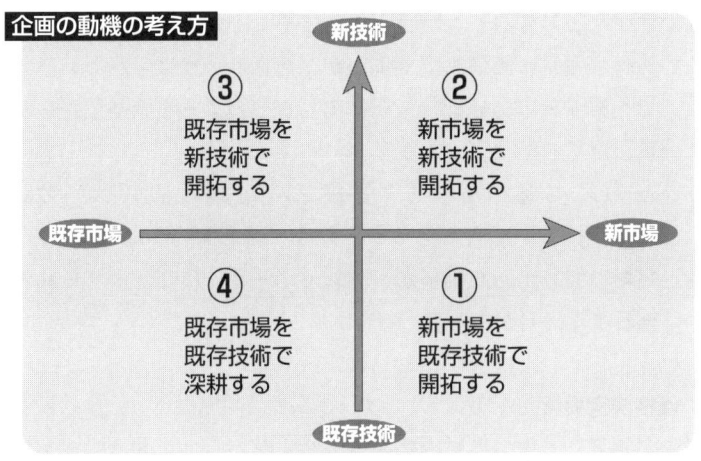

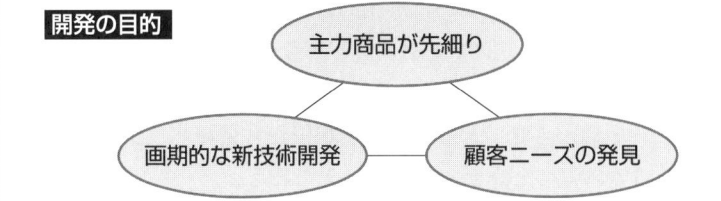

## 目的と目標の関係

目的

実績

目標3
目標2
目標1

期限

目的は、企業が目指す永遠の課題・方針

目標は期限が決まっており、実績などの測れるものである

## 企画の動機の考え方

新技術

③ 既存市場を新技術で開拓する

② 新市場を新技術で開拓する

既存市場 → 新市場

④ 既存市場を既存技術で深耕する

① 新市場を既存技術で開拓する

既存技術

## 開発の目的

主力商品が先細り

画期的な新技術開発

顧客ニーズの発見

189

## 価格を決定する

### (1) 価格を決める要素

価格は通常生産原価、または仕入原価に販売費および一般管理費を加え、企業が目標とする利益を加算して算出する。このようにして算出されたものを原価基準という。

これで通用するものは、今までに全くない新製品か公共料金（水道、電気、ガス、交通料金）などである。通常はそのようにはいかない。市場事情の基準で決まることが圧倒的である。それも大きく分けて2つある。

### (2) 市場基準で決まる価格の種類

ひとつは、競争の中で決まるものである。

競合商品、代替商品と比べてどうか、品質、ブランド力、販売力と比べてどうかということである。競合と比べてそれぞれの要素の力が上回っているのであれば強気の価格決定でよいが、通常はそうはいかないことが多い。ここでも業界・市場分析で、競合商品がどのような価格で売られているかを分析したことを役立てよう。

もうひとつは、エンドユーザーの評価である。エンドユーザーの欲求に合った品質と価格はいくらであるかということを調べなければならない。原価積上げだけで算出した価格が、エンドユーザーに受け入れられるのかどうかは検証する必要がある。

### (3) 価格決定要素

価格決定要素はこのように内部の要因－すなわちコスト、マーケティング目標、社内の位置づけ（戦略的に爆発的に普及を目指すのか、テスト的に出すのか）、マーケティングミックスなどが考えられる。

さらに外部要因－市場に出されている製品ライフサイクルから考えてどうか、価格の弾力性から見てどうか、競争状況から見てどうか、流通の状況や規制の状況から見てどうか、などが考えられる。

すなわちこの2つの要因抜きには決められない。

第5章●売れる商品づくりと売り方の計画をしよう

図12-2

CD-ROM スライド番号 20

# 商品企画書の作成手順

```
STEP-4  開発段階                                年  月  日
ブロック12  商品企画書        氏名
```

| 商品名 | |
|---|---|
| 開発の目的と効果 | 企画の動機 / 開発目的 / 市場効果・経営効果 |
| ターゲット | / 商品仕様（サイズ、パッケージ形態、販売価格） |
| 必要シーズ | 活用シーズ / 導入シーズ / 製造・売上（初期ロット、年間売上目標） |
| 流通・販売 | 販売ルート / 販売組織 / 広告・PR展開 |
| スケジュール | 調査・デザイン、設計、試作、評価、生産準備、販売準備、テストマーケティング、市場導入等必要工程を記入 / 工程 / 内容 |

開発総予算　　　　円

- 開発の目的と効果については、経営資源を投入する必然性（投資対効果）のあることを明確にするために、確認をしてから記述する。

- ターゲットについては、漠然とではなく絞った形で明記する。

- 活用シーズとは、自社ですでに保有している技術などを記述する。
- 導入シーズとは、自社では現時点で保有していないが、他社との連携や投資により新たに導入する技術などを記述する。

- 開発スケジュールは、自社の経営資源（ヒト・モノ・カネ・時間・情報）と解決すべき課題の難易度との関係で判断し、必要と思われる時間・工程・予算を設定し計画する。
  その際、商品シーズンの有無やテストマーケティングの必要性の有無、商品発表会・展示会の時期なども考慮し、実行可能性の高い日程を立案する。

- 「価格」「販売ルート」「広告・PR展開」についてはそれぞれのページを参照

さらに、市場導入期から低価格政策を取り、早期にマーケットシェアを取るのか、導入時は高価格政策を取り、需要拡大とともに順次価格を下げていくのかの価格戦略上からも考えよう。
　もうひとつ肝要なのは、流通チャネルの選択とも関わるのであるが、もし卸売業に販売するのであれば、当然そこへの利益も考慮しなければならない。出し値は卸売業から小売業への卸価格をまず算出し、さらにそこから卸売業の利益を引いた価格になる。

### シミュレーション

　価格の話なので田中が口火を切った。

田中：「市場で調査したけれど、まあこれと同じものはないけれど同様のような構成にすると1万円から2万円の範囲だね。バーチャルカタログでホームセンターとプレ商談をした結果は、消費者への売価は1万3000円を切らないと難しいと言われたよ」

佐藤：「ターゲットへのアンケート調査の結果は、1万2000円への支持が一番多かったわ」

田中：「もし仮に1万2000円だったとすると今回は小売に直接販売するつもりだから、メーカー出し値は、75％程度となるから9000円か」

山崎：「それはコスト上無理だね。きちんと計算しなければならないけれど原価は9000円強。販売費・管理費や当社の利益などを考えるとどう考えても1万1000円で出さないと」

田中：「そうすると標準小売は1万4700円になってしまう」

山田コンサルタント：「消費者調査の結果をやはり重視すべきでしょう。コストを再度検討してください」

　再度設計と企画で検討した結果ぎりぎりで9000円という結果が出た。

田中：「9000円が出し値とすると、調査や商談の結果出た1万2000円でなんとか売れるね」

とホッとした様子。

第5章 ● 売れる商品づくりと売り方の計画をしよう

図12-3

## 商品企画書（例）

STEP-4　開発段階

ブロック12　商品企画書

年　　月　　日
氏名＿＿＿＿＿＿＿＿

| 商品名 | ミニチュアガーデニングセット |
|---|---|

| 開発の目的と効果 | 企画の動機<br>新しい生活を提案する付加価値の高い商品を提供することにより独自のマーケットを創造する | 開発目的<br>ターゲット顧客の「マンションで潤いのある生活を楽しみたい」というニーズに応え、且つ自社のシーズも生かせる新商品開発 |
|---|---|---|
| | 市場効果・経営効果<br>今まで充実していないベランダガーデニングという新しい市場を創造する。これにより他社との価格競合を避け、新しい需要を創造する。この市場でのシリーズ展開をはかり、新商品開発のノウハウの確立ができる ||

| ターゲット | 夫33歳、妻31歳の子供のいない共働きの夫婦（DINKS）<br><br>３ＤＫのマンションに住み、生活に潤いを求めている。自然が好き | 商品仕様 | サイズ<br>　下段　400×800×300<br>　上段　400×1200、300×1200<br>パッケージ形態<br>　段ボール<br>販売価格<br>　標準小売価格　12,000円<br>　出し値　　　　 9,000円 |
|---|---|---|---|

| 必要シーズ | 活用シーズ<br>　樹脂射出成型技術<br><br>導入シーズ<br>　表面処理、仕上に関する技術 | 製造・売上 | 初期ロット<br>　200セット<br><br>年間売上目標<br>　1年目　　2億1,600万円<br>　2年目　　2億6,000万円<br>　3年目　　3億6,000万円 |
|---|---|---|---|

| 流通・販売 | 販売ルート<br>　当社　→　ホームセンター<br><br>販売組織<br>　専任1名<br>　兼任2名 | 広告・PR展開 | ニュースリリース<br>　専門誌、新聞社、テレビ<br>専門雑誌に広告<br>専門誌読者プレゼント企画<br>ＷＥＢサイト＋メールマガジン<br>店頭演出キット　各店＠2万円 |
|---|---|---|---|

| スケジュール | 調査、デザイン、設計、試作、評価、生産準備、販売準備、テストマーケティング、市場導入等必要工程を記入 |||||||||
|---|---|---|---|---|---|---|---|---|---|
| | 工程 | 2カ月 | 2カ月 | 1カ月 | 1カ月 | 2カ月 | 1カ月 | 1カ月 | 1カ月 |
| | | 調査 | デザイン | 設計 | 試作 | 評価 | 仕様決定 | 生産準備 | 量産 | 市場導入 |
| | 内容 | 顧客検証 | | 寸法モジュール | 素材コスト手間 | 使い勝手サイズなど手直し | 全ての仕様治具準備開発 | 販売準備 | | |

開発総予算　6,000万　円

明日香リーダー:「よし、とりあえず標準小売価格は1万2000円、当社
　　出し値は9000円で進めよう」
と力強く断を下した。

## 流通（チャネル）の決定

### (1) チャネルの決定が必要なわけ

新商品をどのように流通させるのか、エンドユーザーまで届けるのかは他のマーケティング要素に大きな影響を及ぼす。なぜならば、前述の価格の項目でも述べたが、多段階流通を取るのであれば、最初の代理店への価格とエンドユーザーへの価格両方に配慮しなければならないからである。

エンドユーザーが望んでいる価格が仮にわかっているとすれば、それでエンドユーザーと接している小売店なり業者が、そこで利益が取れる価格で代理店に出荷する必要がある。

### (2) チャネルの決定は商品の性格にもよる

もうひとつの要素としては、その新商品アイデアはどのような性格の商品かである。消費財だとしても、単価が低く最寄り品なのか耐久消費財などの買回り品なのかによっても違うし、生産財もそれ特有のチャネルがある。

もちろん既存の流通を使うということから考えてもよいが、そればかりにとらわれることもないかもしれない。

現在はインターネットでも十分きちんと準備をして覚悟を決めて行えば戦っていける。

### (3) プロモーションにも大きな影響を及ぼす

違う角度から見てみると、流通チャネルの選択には、後程述べるプロモーション（販売促進）も密接に関わってくる。プロモーションのあり方もエンドユーザー向けと共に、各流通業者向けにも考慮しなければならないからである。

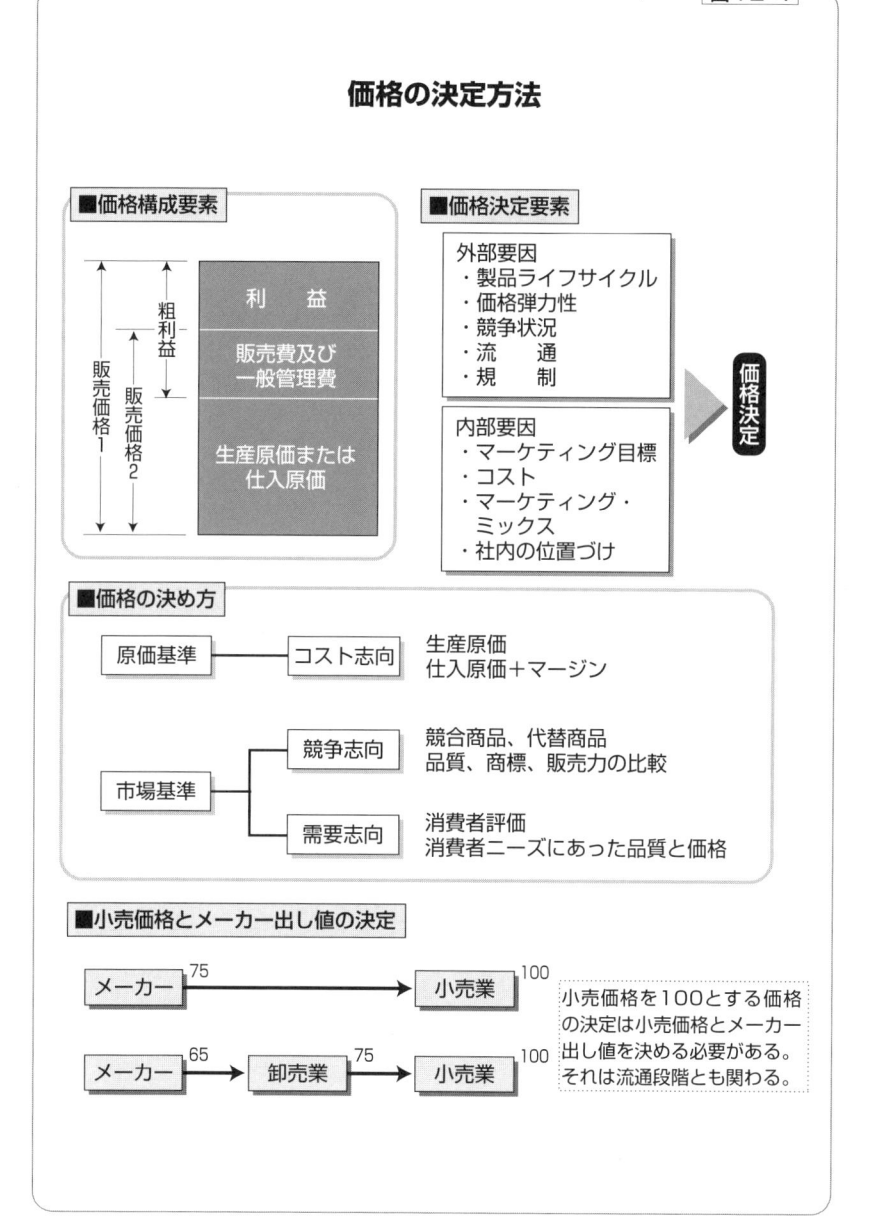

第5章 ● 売れる商品づくりと売り方の計画をしよう

図12-4

## 価格の決定方法

### ■価格構成要素

販売価格1（粗利益＋生産原価または仕入原価）
- 粗利益
  - 利益
  - 販売費及び一般管理費
- 販売価格2
  - 生産原価または仕入原価

### ■価格決定要素

外部要因
・製品ライフサイクル
・価格弾力性
・競争状況
・流　　通
・規　　制

内部要因
・マーケティング目標
・コスト
・マーケティング・ミックス
・社内の位置づけ

→ 価格決定

### ■価格の決め方

- 原価基準 ── コスト志向：生産原価／仕入原価＋マージン
- 市場基準
  - 競争志向：競合商品、代替商品／品質、商標、販売力の比較
  - 需要志向：消費者評価／消費者ニーズにあった品質と価格

### ■小売価格とメーカー出し値の決定

メーカー ─75→ 小売業 100

メーカー ─65→ 卸売業 ─75→ 小売業 100

小売価格を100とする価格の決定は小売価格とメーカー出し値を決める必要がある。それは流通段階とも関わる。

メーカーは長期ビジョンから意思決定し、チャネルを構築しなければならない。企画書上ではこうあるべきであるという提案でよい。

### (4) 新しい業態にきちんと対応しているか

高度成長期前までは、小売業態についても分類は実に単純であった。百貨店とスーパーと商店に代表される専門小売店である。しかし現在さまざまな業態が流通業界には進出し日々変っていっている。それらの新業態には目覚しく伸びている業態も多い。

従来の既存チャネルに安住して（あるいは義理があるので再編できず）そのままにしていないであろうか？　顧客（エンドユーザー）の接点がどんどん変化しているのであるから、ターゲットとする顧客がよく利用するのは一体どの業態なのか、そこにふさわしい商品形態かも合わせてここで考えよう。

もちろん皆さんは、最初のステップ１のブロック３で業界分析をしているので、この点は十分意識して開発に取り組んでいるであろう。

### (5) チャネル政策―クローズドチャネル、オープンチャネル

さらに流通（チャネル）政策として、オープンにするか、クローズドにするかという課題もある。

最寄り品で低単価のものはほとんどオープンと言ってよいだろう。できるだけ多くの店で扱ってもらいたいからである。しかし耐久消費財で説明を要するものなどは、クローズド政策を取る場合もある。あるお店しか販売しないというものである。代表的な例は新車ディーラーである。どちらを取るかは、その商品の持つ性格と企業の方針・体力による。これらも慎重に検討すべきであろう。

第5章 ● 売れる商品づくりと売り方の計画をしよう

図12-5

## 流通（チャネル）の決定方法1

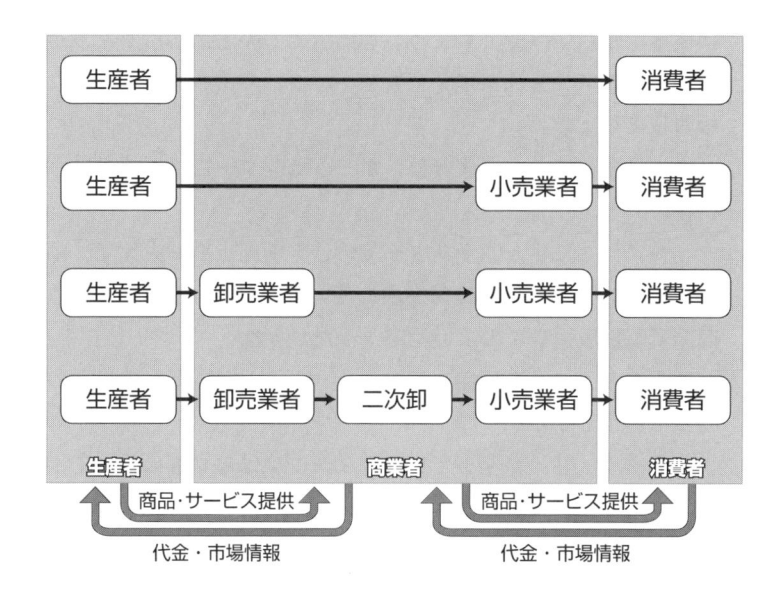

```
生産者 ─────────────────────────→ 消費者

生産者 ───────────────→ 小売業者 → 消費者

生産者 → 卸売業者 ─────→ 小売業者 → 消費者

生産者 → 卸売業者 → 二次卸 → 小売業者 → 消費者
```

　生産者　　　　　商業者　　　　　　　消費者

　　　↑ 商品・サービス提供 ↑　　↑ 商品・サービス提供 ↑
　　　　代金・市場情報　　　　　　　代金・市場情報

①ゼロ段階チャネル
メーカーが直接消費者に販売するケース
通販、訪問販売、直営店販売

②1段階チャネル
大型小売業者が卸売業者を排し、メーカーと直接取引する

③2段階チャネル
メーカーは広範囲に販売でき小売業者が多数分散している場合

④3段階チャネル
製品単価が低く、最寄り品の販売に多いケース。食料品や日曜雑貨品にこの販売方法が多い。

### 商業者の役割

● 商業者の役割は、生産者の製品を消費者の欲求にしたがって品揃えをすることである。
● 商業者は多種品目の製品を多数の生産者から仕入れ幅広い品揃えの中からで小分けして出す

シミュレーション

田中:「ここで最初のステップでやりました業界・市場調査が生きてきますね」

山田コンサルタント:「そうですね。ただし既存のルートでよいかどうかは慎重に検討すべきでしょう。専門店での売上はだんだん下がって新しい業態での販売が増えてきているか、今後も伸びそうかなども検討しましょう」

田中:「やはり園芸店というよりは、ホームセンターで扱ってもらうのが一番いいと思うな」

榊原サブリーダー:「ホームセンターでの分野別売上高構成比で、園芸用品の販売は第2位の約20％を占めているからね。流通経路上もプレ商談で直接取引ＯＫのよい反応だったからね」

山田コンサルタント:「今回狙っているターゲット購買者との接点の観点からはどうですか？」

佐藤:「そうそう、我々が狙っているディンクスはＲＶ車に乗ってホームセンターに土日によく行くようよ」

榊原サブリーダー:「そうだね。我々メーカーの側からも、ターゲットの消費者の側からもよい条件が揃っているから、まずは第一にホームセンターの攻略から考えよう」

脇屋:「今流行っているインターネットショッピングはどうなのかな」

榊原サブリーダー:「もちろん調べて見る必要があるね」

山崎:「この商品は配達のコストがかなりかかるんですよ。地域が全国になるとちょっと難しいのでは。それとかなりの部分説明をして納得して買っていただく方がよいですし」

榊原:「そうだね。とりあえずインターネットはプロモーションの手段として考えよう」

## プロモーション・メディアミックスの考え方

次に新製品の特徴とチャネル選択に応じて、最適なプロモーションを選

## 図12-6

## 流通(チャネル)の決定方法2

### 専門店
- 小型専門店
- 大型専門店

### 新業態 〔きちんと対応しているか〕
- コンビニエンスストア
- カテゴリーキラー
- ホームセンター
- 総合ディスカウントストアー
- ホールセールクラブ
- ファクトリーアウトレット
- パワーセンター
- ショッピングセンター

### 総合小売業
- 百貨店
- GMS
- スーパーマーケット

〔チャネル政策〕

|  | 特徴 | メリット | デメリット |
| --- | --- | --- | --- |
| オープンチャネル | 最寄品・日用品が多い<br>製品ライフサイクルの成長期・成熟期 | 広範囲の店で取扱い<br>比較的ローコストで展開可能<br>薄利だが多売 | 店頭価格の値崩れ<br>ブランドイメージ管理困難<br>販売方法はコントロール困難<br>競合商品排除は無理 |
| クローズドチャネル | 説明・説得に時間がかかる商品<br>製品ライフサイクルの導入期 | 店頭価格維持<br>ブランドイメージ管理容易<br>競合商品排除<br>高い利益率 | 扱い点数拡大困難<br>大量のノウハウ・資金が必要 |

択する方法を述べよう。

## まずつくらなければならないのはツールである

　すぐ思いつくのはメディアを利用した広告であるが、その前にやることがある。まず代理店制度であろうと、自らがダイレクトで販売しようとも各種のツールが必要になる。パンフレット、カタログ、リーフレット、説明資料などである。場合によってはビデオなどでつくることもある。さらに教育のためのツールも必要となる。各種マニュアル類などである。

## プロモーションにはさまざまな手法がある

　商品の形態にもよるが、サンプルを街頭配布したり、店頭においてもらう見本品をつくったりもある。これらの地道なプロモーションの何を行いそれぞれいくら位コストがかかるのかを算出してみよう。

　また、マスメディアの利用方法としては、ニュースリリースという方法がお勧めである。Ａ４サイズ２枚程度の文書資料と新商品のイメージがわかる写真を貼付して、各マスコミに送付するのである。

　業界の記者クラブがあるのなら、そこのポストにほうり込む手もある。もちろん専門誌があればそれにも送付する。専門誌などはプレゼントコーナーを設けているものが多い。プレゼント企画としてサンプル提供する旨をそのニュースリリースにつけてもよい。

　広告もテレビ、ラジオ、新聞、雑誌、交通広告（列車車内、駅広告）、街頭ボードなど各種の媒体があるが、まず手の届く範囲から行おう。テレビなどはコストも相当かかるので、それなりの覚悟が必要となる。まずは専門雑誌からトライしてみよう。雑誌社に問い合わせれば、媒体資料としてどのような読者層に何部発行しているかの資料をすぐに送ってくれる。

　最近注目されているインターネットであるが、ただ自社のホームページを出しただけでは誰も見てくれない。メールマガジンとの併用をお勧めする。これらを商品企画書に記述する。

第5章 ● 売れる商品づくりと売り方の計画をしよう

図12-7

## プロモーション・メディアミックスの考え方

■マス4媒体

| テレビ | 即効性大 | コスト大 | ターゲット絞込△ |
| --- | --- | --- | --- |
| 新聞 | 即効性大 | コスト大 | ターゲット絞込△ |
| ラジオ | 即効性小 | コスト小 | ターゲット絞込○ |
| 雑誌 | 即効性小 | コスト小 | ターゲット絞込○ |

■ノンマスメディア

| 折込ちらし |
| --- |
| 屋外広告 |
| 交通広告 |
| イベント |

*パブリシティを狙ってますニュースリリースから*

セールスプロモーションの種類

流通向け / 消費者向け

■モノの提供（流通向け）

| プレミアム | コスト低 |
| --- | --- |
| 販売ツール（陳列キット） | コスト低 |
| テレビデオ＋テープ | コスト中 |
| POP | コスト低 |
| カタログ・リーフレット | コスト低 |

■ヒトの提供

| 販売員の派遣 | コスト中 |
| --- | --- |

■カネの提供

| リベート | コスト中 |
| --- | --- |
| コンテスト | コスト中 |

■ノウハウの提供

| 店頭演出方法 | コスト低 |
| --- | --- |
| 販売マニュアル | コスト低 |

■情報の提供

リーフレット
DM
ビデオ
ポスティング
WEB
（メールマガジン）

■モノの提供（消費者向け）

| 懸賞 | | |
| --- | --- | --- |
| | オープン | コスト高 |
| | クローズド | コスト高 |
| | ベタ付け | コスト高 |
| プレゼント（読者企画） | | コスト低 |
| サンプリング（街頭配布） | | コスト低 |

■カネの提供

| クーポン | コスト中 |
| --- | --- |
| キャッシュバック | コスト高 |

■短期的特別仕様

| 増量パック | コスト中 |
| --- | --- |
| マルチパック | コスト中 |

## シミュレーション

佐藤：「まずプロモーションについては、消費者向けと流通向け、そして共通するものに分けて考えましょう」

と提案した。

明日香リーダー：「消費者向けには何をすればよいかな」

と発言。

参加メンバー：「まずは告知が大事だから、雑誌や新聞などのマスメディアに取り上げられることが必要だね」

参加メンバー：「それにはニュースリリースをつくって、まず主要な雑誌社などに送ろう。あるいは記者クラブに行ってポストに投げ込んできてもよいね。これは流通にも告知ができるから共通にしよう」

参加メンバー：「雑誌社にはそれ以外にプレゼント企画はどうだろう。あまりたくさんは上げられないけれど、3名程度ならば大丈夫でしょう」

参加メンバー：「やはりインターネットは欠かせないね。ホームページに展開例をアップしよう。また、メールマガジンも創刊だ。『私のベランダガーデニング』というタイトルでいきたいな」

このように各自で次々と案が出てきた。

山田コンサルタント：「流通向けはどうでしょう」

どうしても消費者向けに目がいってしまいがちなのを引き締める狙いもある。

田中：「まずは店頭においてもらわなければならないから、店頭用のカタログがいるね。これはバーチャルカタログで威力があったから、それを少し作り直せばいけるよ」

榊原：「店頭演出のキットをつくろう。のぼりとか、説明用パネルとかね」

参加メンバー：「ＰＯＰも必要でしょう」

参加メンバー：「当面は店頭での説明要員を重要なお店に絞って派遣するのはどうかな」

参加メンバー：「展示会などもあったら出ましょう」

またまた案続出である。これ以外にもさまざまな販売促進策が出て、それらをマインドマッピングの手法でまとめた。

ここでとりあえず止めて、後程検討する販売経費の中で許される販売促進費の範囲内で、有効なものから選択することを決めた。

## 売上高と利益を算出する
### なぜ売上高と利益を算出するのか

ここでは新商品がどのくらいの売上を上げることができるかを予測し、さらにそれらをつくる売上原価と販売する経費を算出して、収益の見込みがどうなるのかを見る。

よく市場に出してみないとわからないから算出しても無意味だということを聞くが、そんなことはない。これを出す意味は、とても無理な目標なのか、それともある程度達成が見込めるのかが経営者が判断したいということと、初年度で黒字とならなくても、2年目には単年度黒字に転換し、3年目には累積赤字も解消される位の計画かどうかを判断するためである。

つまりずっと赤字であるのならば市場に出す意味はないし、かと言ってそうならないために無理な販売数量であれば当然だめとなるからである。

**実施手順＜図12-8使用＞**
**手順１：売上の算出**
　　実際の売上の算出は、まず新商品販売価格の決定×販売数量の見込みを年度ごとに算出する。もちろんその裏づけとしての市場調査や競合の状況予測を考慮しながら算出する。
　　再度注意をするならば、ここでの価格は最初に渡る先によって決まる。流通業に渡す場合と小売業に直接渡す場合、あるいは直売する場合である（価格の項目を再度参照のこと）。

**手順２：売上原価を算出する**
　　次に新商品の売上原価を算出する。売上原価に含まれるものは、原材料の仕入代金、製造にかかる従業員の給与、工場賃借料、水道光熱費、などである。

**手順３：販売費や一般管理費を算出する**
　　さらに販売費や一般管理費の見込み額を算出する。この中に含まれるものは、役員報酬、給与手当、法定福利費、物流費、広告宣伝費、交際費、旅費交通費、通信費、水道光熱費などである。
　　ただし、新商品の直接利益を見るために一般管理費のうち、会社共通で見ているものを除いて、直接かかる経費のみを計上して出す方がよい。また設備投資を伴うのであれば、その減価償却費も年度ごとに見る。
　　開発費については、見込みの開発費総額を出して、何年で償却するのかを考えて毎年の減価償却費見込みを算出する。
　　これらの数値がいずれも評価を受けて妥当だと感じられるものであれば、新商品企画はＧＯであろう。

**シミュレーション**

佐藤：「田中さん、この商品が完成したら、初年度どのくらいのホームセンターに導入可能ですか」
田中：「そうだな。今までの反応から見て関東以北を中心に200店は固いと思うぜ」

第5章 ● 売れる商品づくりと売り方の計画をしよう

図12-8

CD-ROM スライド番号 21

## 市場導入計画書の作成手順

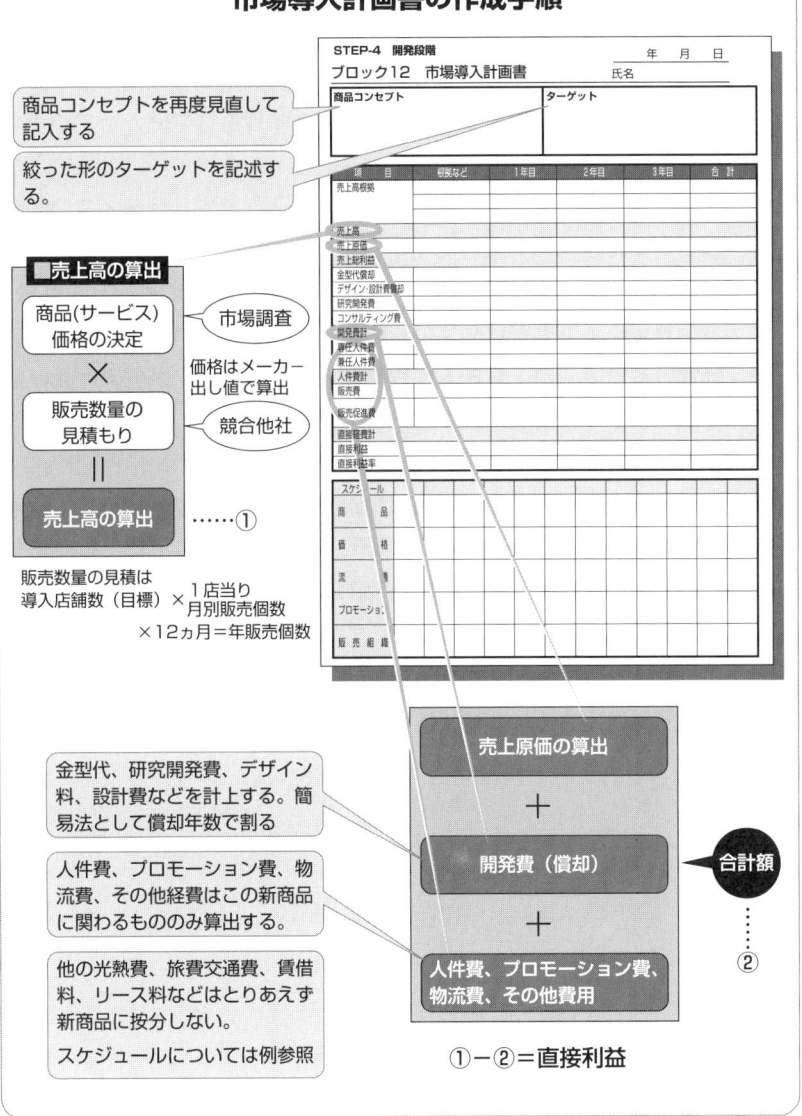

STEP-4 開発段階
ブロック12　市場導入計画書
年　月　日
氏名

商品コンセプト／ターゲット

- 商品コンセプトを再度見直して記入する
- 絞った形のターゲットを記述する。

項目／概要など／1年目／2年目／3年目／合計
売上高根拠
売上高
売上返品
売上総利益
金型代償却
デザイン・設計費償却
研究開発費
コンサルティング費
償却費計
専任人件費
兼任人件費
人件費計
販売費
販売促進費
直接経費計
商品利益
直接利益率

スケジュール
商　品
価　格
流　通
プロモーション
販売組織

■売上高の算出

商品(サービス)価格の決定　─　市場調査

×　　価格はメーカー出し値で算出

販売数量の見積もり　─　競合他社

＝

売上高の算出　……①

販売数量の見積は
導入店舗数（目標）× 1店当り月別販売個数
× 12ヵ月＝年販売個数

売上原価の算出
＋
開発費（償却）
＋
人件費、プロモーション費、物流費、その他費用

合計額
……②

①－②＝直接利益

- 金型代、研究開発費、デザイン料、設計費などを計上する。簡易法として償却年数で割る
- 人件費、プロモーション費、物流費、その他経費はこの新商品に関わるもののみ算出する。
- 他の光熱費、旅費交通費、賃借料、リース料などはとりあえず新商品に按分しない。
- スケジュールについては例参照

205

佐藤：「それは頼もしい。1店当たりの売上は月にどのくらいと予測できるでしょうか」

田中：「それはもちろん売ってみなければわからないけれど、1カ月10セットぐらいは売れるのでは」

佐藤：「わかりました。そうすると導入店舗と個数と当社の出し値を掛け合わせれば売上高が出ます。2年目、3年目も後で聞かせてくださいね」

山崎：「金型代はこの下段はブロー成型でいけそうです。ラティスの部分はインジェクション成型でトータル3000万円位です。簡易法で3年償却で3で割って1年目で1000万円です。デザイン・設計費、コンサルティング費は先生にお聞きしてわかっています。後は直接経費の算出ですね。専任人件費は2人で800万円。兼任人件費は兼任率からひとり当たり150万円となりました」

ときちんと計算した結果を提示した。

脇屋：「販売促進については、新商品企画書に上がっている施策を足していけば初年度、2年目は1000万円、3年目は1400万円くらいになります。これらを表計算ソフトで作成してみますね」

こういうものは脇屋が得意である。このように積み上げて2年目、3年目を作成した結果が図12-9である。利益率が予想していたものよりよかったので、プロジェクトメンバーはほっと一息をついた。

第5章●売れる商品づくりと売り方の計画をしよう

図12-9

## 市場導入計画書（例）

| 商品コンセプト | ターゲット |
|---|---|
| ベランダでたちまちガーデニング、移動もらくらく簡単セット | 夫33歳、妻31歳の子供のいない共働きの夫婦（DINKS）3DKのマンションに住み、生活に潤いを求めている。自然が好き。 |

| 項目 | | 根拠など | 1年目 | 2年目 | 3年目 | 合計 |
|---|---|---|---|---|---|---|
| 売上高根拠 | a. 導入店舗数 | | 200 | 300 | 500 | |
| | b. 年販売個数／店 | | 120 | 96 | 80 | |
| | c. 単価 | | 9,000 | 9,000 | 9,000 | |
| 売上高 | | a×b×c | 216,000,000 | 259,200,000 | 360,000,000 | 835,200,000 |
| 売上原価 | | 60% | 129,600,000 | 155,520,000 | 216,000,000 | 501,120,000 |
| 売上総利益 | | | 86,400,000 | 103,680,000 | 144,000,000 | 334,080,000 |
| 金型代償却 | | 3年償却 | 10,000,000 | 10,000,000 | 10,000,000 | 30,000,000 |
| デザイン・設計費償却 | | 3年償却 | 2,000,000 | 2,000,000 | 2,000,000 | 6,000,000 |
| 研究開発費 | | 調査など | 5,000,000 | 3,000,000 | 3,000,000 | 11,000,000 |
| コンサルティング費 | | | 10,000,000 | 2,000,000 | 1,000,000 | 13,000,000 |
| 開発費計 | | | 27,000,000 | 17,000,000 | 16,000,000 | 60,000,000 |
| 専任人件費 | | 2人@400万円 | 8,000,000 | 8,000,000 | 8,000,000 | 24,000,000 |
| 兼任人件費 | | 3人@150万円 | 4,500,000 | 4,500,000 | 4,500,000 | 13,500,000 |
| 人件費計 | | | 12,500,000 | 12,500,000 | 12,500,000 | 37,500,000 |
| 販売費 | | 店@10万円 | 20,000,000 | 30,000,000 | 50,000,000 | 100,000,000 |
| 販売促進費 | | 1キット@2万円 初年度パンフなど | 10,000,000 | 10,000,000 | 14,000,000 | 34,000,000 |
| 直接経費計 | | | 69,500,000 | 69,500,000 | 92,500,000 | 231,500,000 |
| 直接利益 | | | 16,900,000 | 34,180,000 | 51,500,000 | 102,580,000 |
| 直接利益率 | | | 7.8% | 13.2% | 14.3% | 12.3% |

| スケジュール | 6月 | 7月 | 8月 | 9月 | 10月 | 11月 | 12月 | 1月 | 2月 | 3月 | 4月 | 5月 |
|---|---|---|---|---|---|---|---|---|---|---|---|---|
| 商品 | 顧客調査 → | | デザイン → | | 設計 → | 試作 → | 評価 → | | 仕様決定 → | 生産準備 | 量産 → | |
| 価格 | | 市場調査 → | | | | | 価格検討 → | 価格決定 → | | | 販売開始 | |
| 流通 | | 流通調査 → | 流通体制の検討 → | | | | | | 演出キット作成 → | 商談 → | | |
| プロモーション | | | | | WEBサイト構築 → | メールマガジン創刊 → | カタログ作成 → ニュースリリース → | | | | 専門誌広告出稿 → 専門誌プレゼント企画 → | |
| 販売組織 | | | | | | 販売組織確立 → | 商品説明 → | マニュアル作成 → | 訓練 → | | | |

# ＜エピローグ＞
# アスカブランドの復活と未来への期待

　2002年初冬のある朝、明日香社長は月間販売実績表をパソコン画面に表示し、コードＥＧをクリックした。そこには自らがリーダーとなったプロジェクト「創造生活21」が生み出した「アスカ・エンジョイガーデニング」の販売実績が表示されている。爆発的なホームラン商品ではないが、確実に売れ行きが伸びていることと、従来商品に比較して利益率が高く、商品開発計画が狙い通りであったことが大変喜ばしいことだった。

## メンバーの成長と明日香の新しい風

　幸い競合メーカーから類似商品が発売されないためもあって、無理な値引き要請を受けることがない。オリジナリティーの高い独自商品を開発する「21世紀の新しい生活の提案」を目指して、日用品部門を強化した自分の判断に間違いがないことを確信した。

　何よりもうれしかったのは、全社的に商品企画の重要性が認められ、榊原サブリーダーと佐藤が中心となって商品企画室を立ち上げたことや、メンバーの職場での発言や行動が徐々に会社全体の雰囲気を変えていったことだ。

　最初は懐疑的だった役員やマネージャークラスも、販売実績や彼らの成長ぶりを目の当たりにすると、新しい明日香の文化を積極的に受け入れ始めた。

　また取引先であるホームセンターからの評価も高く、この商品の専用販売スペースを用意してくれるところも現れ始めた。消費者もアスカブランドを確認してから購入するようだ。これも山崎が商品開発コンセプトを理

第5章●売れる商品づくりと売り方の計画をしよう

解し、製造部での品質検査基準を一新し高品質な「ミニチュアガーデニング」の製造を受け持ち、営業担当の田中が商品コンセプトをしっかり伝えるクリエイティブな営業を展開してくれたおかげだ。総務では脇屋が社外の方に、アスカブランド商品のすばらしさを好感の持てる対応で伝えてくれる。

## Gマークへの挑戦

　この年の10月、エンジョイベランダガーデニングはグッドデザイン商品に選定された。

　振り返ってみると、かつて明日香樹脂は他社の競合商品が数多くグッドデザイン商品に選定され、その商品にGマークが貼られているのを見ながら、いつかは自社も取得したいと関心を持っていた。明日香社長はプロジェクトの社内外に与える効果を狙い、コンサルタントと相談しミニチュアガーデニングをエントリーすることとした。

　Gマークは1957年に輸出商品のレベルアップを目指し通産省が主催し始まった事業で、現在では経済産業省のバックアップを受けて（財）日本産業デザイン振興会が、ボールペンから住宅まで幅広い分野の優れたデザインの商品を選定している。

　ミニチュアガーデニングの発売直後、高嶋コンサルタントからGマーク応募の資料を渡された明日香社長は、総務に対して申請手続きを指示するつもりでいたが、書類の内容に目を通した後にプロジェクトメンバーに申請手続きをまかせることにした。

　そこには開発の目的や使用者に与える効果から始まって、商品コンセプトや、果てはグッドデザイン審査基準などが記載されており、日頃コンサルタントからGマークの審査基準は、魅力的な商品をつくる商品開発評価基準に通じることを思い出したからだ。

　「Gマークにエントリーすることは、もう一度自分たちが開発した商品を評価するよい機会になりそうだ」そう感じた明日香社長はプロジェクトリーダーの立場に戻って、最終商品評価と兼ねてGマーク申請応募書類を

図12-9

## 審査基準

審査基準は、「1.良いデザインであるか」「2.優れたデザインであるか」「3.未来を拓くデザインであるか」の3階層の構成とします。「1.良いデザインであるか」に示す10項目について、一定以上の水準にあると判断される審査対象を「グッドデザイン賞」の受賞対象とします。受賞対象については「2.優れたデザインであるか」「3.未来を拓くデザインであるか」に示す言葉を用い、優れているポイントを明らかにします。

### 1 良いデザインであるか
（グッドデザイン商品、建築・環境等に求められる基本的要素）
○美しさがある　　　　　　　　　　　○誠実である
○独創的である　　　　　　　　　　　○機能・性能がよい
○使いやすさ・親切さがある　　　　　○安全への配慮がなされている
○使用環境への配慮が行き届いている　○生活者のニーズに応えている
○価値に見合う価格である　　　　　　○魅力が感じられる

### 2 優れたデザインであるか
（商品、建築、環境等の特に優れた点を明らかにするポイント）
○デザイン　　デザインコンセプトが優れている
　　　　　　　デザインのプロセス、マネージメントが優れている
　　　　　　　斬新な造形表現がなされている
　　　　　　　デザインの総合的な完成度に優れている
○生　活　　　ユーザーのかかえている問題を高い次元で解決している
　　　　　　　「ユニバーサルデザイン」を実践している
　　　　　　　新しい作法、マナーを提案している
　　　　　　　多機能・高機能をわかりやすく伝えている
　　　　　　　使いはじめてから維持、改良、発展に配慮している
○産　業　　　新技術・新素材をたくみに利用している
　　　　　　　システム化による解決を提案している
　　　　　　　高い技能を活用している
　　　　　　　新しいものづくりを提案している
　　　　　　　新しい売り方、提供の仕方を実現している
　　　　　　　地域の産業の発展を導いている
○社　会　　　人と人の新しいコミュニケーションを提案している
　　　　　　　長く使えるデザインがなされている
　　　　　　　「エコロジーデザイン」を実践している
　　　　　　　調和のとれた景観を提案している

### 3 未来を拓くデザインであるか
（デザインが生活・産業・社会の未来に向けて積極的に取り組んでいることを評価するポイント）
○デザイン　　時代をリードする表現が発見されている
　　　　　　　次世代のグローバルスタンダードを誘発している
　　　　　　　日本的アイデンティティの形成を導いている
○生　活　　　生活者の創造性を誘発している
　　　　　　　次世代のライフスタイルを創造している
○産　業　　　新しい技術を誘発している
　　　　　　　技術の人間化を導いている
　　　　　　　新産業、新ビジネスの創出に貢献している
○社　会　　　社会・文化的な価値を誘発している
　　　　　　　社会基盤の拡充に貢献している
　　　　　　　持続可能な社会に実現に貢献している

＊このポイント以外に審査の段階で新しいポイントが発見される場合もあります。

（財）日本産業デザイン振興会　2000年グッドデザイン商品選定審査基準

第5章●売れる商品づくりと売り方の計画をしよう

つくろうと考えていた。
　「もしかしたら、デザインのスタート時点でこの評価基準を参考に、明日香のデザイン開発評価基準を作成しておけば……もっと有効によいデザインが出来るはずだ。それと共にGマーク審査制度をわが社の社外商品審査に位置づけるこもできるのでは……」などと考えていた。
　今、社長室の窓際にはGマークのシールが貼られたミニチュアガーデニングが、新聞やデザイン雑誌の取材記事と共に誇らしげに展示してある。パブリシティーに取り上げられたことは、販売促進上大きな成果があった。開発の経緯を脇屋が整備してくれたおかげで、プレスリリースのキットも準備が怠りなかった。その効果があって数社の新聞、雑誌に掲載されている。来社されるお客さまや取引先企業から「これがミニチュアガーデニングですね」などと説明する前から話題になる。とても信頼感が増したように思われた。

## プロジェクトのPRを行う「創造生活21ニュース」の発行

　明日香社長の机の上には最新号の「創造生活21ニュース」が広げられている。今回のテーマは「Gマークと売れる商品」だ。
　このプロジェクトの目標のひとつに商品開発プロ集団育成と全社的商品開発組織づくりがあった。そこでプロジェクトに参加できない社員に対しては、「創造生活21ニュース」を通じて商品開発の経過を報告しながら、顧客の楽しく快適な生活を創造する企業に変貌する必然性を伝えていく方法を考えた。それが「創造生活21ニュース」である。
　これは総務出身の脇屋が主担当で頑張ってくれたおかげで、プロジェクトが解散した後も好評のため継続して発行している。テーマは開発の進捗に併せて選定した。その内容は時代の読み方から始まり、ヒット商品解説やトレンドエリアの紹介、開発知識や手法そして時には、アジテーションめいたメッセージも発信していた。
　ことに好評だったのがグルインの特集で、生々しく顧客の意見を掘り起こすマーケティングの手法に社員全員興味を示し、従来の社内報よりもず

図12-10

## ワクワクドキドキものづくり
## 創造生活21NEWS　VOL.12
2002年1月15日発行

# あなたはアスカ病にかかっていないか?!

今年は近年まれにみる寒さが続いていますが、お体の具合はいかがですか？今日は皆さんの若さ度チェックをしたいと思います。若さと言っても体の若さではなく、好奇心の強さで計る気持ちの若さです。

これからの明日香樹脂のモノづくりには、生活者をワクワクドキドキさせる商品が必要で、明日香社員一人一人の好奇心がモノづくりを支えます。

下の10問にお応えください。あなたはどんな明日香社員？　もしかしたら他の職業がむいているかも……。

1　2001年流行商品を10アイテム以上言える
2　カルフールに行って来た
3　オープン2シーターの車を本気で買いたいと思っている
4　何か新しいことにチャレンジしている
5　他人と同じじゃ絶対やなモノが10はある
6　カクテルの作り方を5つ以上知っている
7　1年以内に映画をロードショウで10本以上見た
8　20才の女の子を楽しませる話題を3つ持っている
9　インディーズ音楽を知っている

**3問クリア**　見事な明日香社員です。これからも流行性感冒薬「創造生活21」を休まず服用ください。

**5問クリア**　政治家だって夢じゃない。そこそこ情報通です。でも油断すると風邪を引きます。風邪の予防薬「創造生活21」を引き続き服用ください。

**7問クリア**　若いです！広告代理店の企画営業マン向きです「創造生活21」にす。皆さんも明日香を元気にするため時代の先端を楽しみませんか。

**8問クリア**　雑誌編集者向きです。一念発起して頑張っていますか？私たちも実業に向いた心の若さを持っていましたか？そこそこ明日香社員でした。でも新しい魅力的な商品を開発するには「こんなことじゃいかん！」と

さあ、あなたはどんな職業に向いた心の若さを持っていますか？私たちも実業に向いていましたか？そこそこ明日香社員でした。でも新しい魅力的な商品を開発するには

**全問クリア**　ちょっと心配に仕事をしていますか？ホントに明日香のことにも関心を持ってください。

**9問クリア**　コピーライター向きです。明日香をクビになってもコピーライターか芸能マネージャーになれます。

向きです。無理して体をこわさないようにしましょう。

っと人気があったのには総務も複雑な気分だったようだ。

小さなことだが、新しい何かが起こりつつあることを「創造生活21ニュース」が訴え続けることで明日香社内に風が吹き始め、変革の第一歩が確実に始まったようだ。

## 「創造生活21の仕事展」

プロジェクトが完了した今年5月の1週間、社員食堂を借り切って「創造生活21の仕事展」を実施した。

その発表会は、その名称通りただの新商品展示会ではなく、約1年間にわたった「創造生活21」の新商品開発活動の報告を通じて、明日香社員がお客さまの満足のために、一人ひとりが日常業務を推進するプロ集団になるきっかけづくりのイベントであった。

主な内容は開発の経緯を伝えるパネルと開発資料の公開などのビジュアル展示と。メインイベントはプロジェクトメンバーによる開発報告である。

この報告はメンバー全員の実に堂々とした解説と共に、パソコンで作成された説得力のあるビジュアル資料の壁面投影が好評で、普段あまり自分の意見や意思を表さない社員たちも「大手企業の新商品発表会のようだ」「明日香の社員にあんなに説得力のある人材がいたのか」「これからの明日香は変わりそうだ」口々に感想を述べ合っていた。

このイベントは社員への発表が終了した後、一部展示内容を変更して取引先に向けて「明日香ミニチュアガーデニング発表会」と称し開催した。従来であれば営業社員が販売資料を持参して商談活動を行うのだが、今回は営業出身の田中をリーダーとして、プロジェクト全員が創造的な楽しい生活の実現を目指した商品の開発コンセプトを説明し、流通や販売業者の共感を得ていった。

顧客の反応は上々だった。従来の契約を取ることを全面に出した商談よりもはるかに説得力と信頼感がある。もしかしたらこれからの営業は、こんな形が理想かもしれないと明日香社長は考えていた。

## 「創造生活21」から「収納生活21」へノウハウをつなぐ

 その後明日香樹脂はコンサルタントの勧めもあって、連続してプロジェクト活動による商品開発を実践している。今度は著しくたくましくなり商品企画室を立ち上げた榊原と佐藤がリーダー、サブリーダーになって、「創造生活21」で得たノウハウをベースに「新時代の収納」をテーマとしたプロジェクトをスタートさせた。
 そのプロジェクトは新たにメンバー4名を加え、高嶋コンサルタントのサポートによって、「収納生活21」と命名され開発活動を開始した。
 明日香社長は、役員全員と山田コンサルタントと共に「商品開発評価21」グループを正式に組織化し、そのリーダーとして活動している。これには役員の誰からも反対意見が出ず、スムーズに組織が行われ役員の積極的な商品開発参加が可能になった。
 プロジェクトのキックオフミーティングは、例によって任命書、開発誓約書、開発支援制約者の交換に加え、今回は明日香社長より榊原リーダーに「創造生活21」開発ノウハウノートが手渡された。21世紀に勝ち残る新しいモノづくりのノウハウが今日この場で引き継がれ、長い年月の後にさらに厚みを増し、明日香の文化と伝統になっていくことを実感し感慨無量であった。

### 未来への期待

 モニターに映った販売実績表を見ながら、1年間にわたった商品開発の経緯を思い出しつい感慨に耽ってしまったが、現実に眼を戻すと、今、商品開発の両輪とも言える「開発」と「評価」のプロジェクトが、無理なく立ち上がり活動を開始し始めている。
 このモノづくりの両輪がガッチリかみ合いレベルの高いプロの仕事ぶりを発揮するとしたら、明日香樹脂はさぞかし強力な「創造型企業」に変貌するだろう。そう考えながら明日香社長はプロジェクトファイルをピックアップして、社長室のドアを勢いよく開けミーティングルームに急いだ。

第5章●売れる商品づくりと売り方の計画をしよう

　さあ、今日は「収納生活21」の第1回目開発評価会議だ。リーダーから独創的な開発の切り口が見つかったとも聞いている。しっかり評価しなければいけないな……。

　明日香社長は、未来の扉を開くような期待感を持ってミーティングルームのドアを開いた。

# 第6章 商品開発のマネージメント

## ＜ヒット！＞商品開発を成功に導く

第2章～第5章までの商品開発プロセス編はいかがでしたか？　モノづくりから販売まで一貫した手法が理解できたはずです。後はあなたが率先して会社を巻き込み、小さな企業でも立派に商品開発を実践できることを証明するだけです。

　でも、組織をひとつの目標に向かってリードすることは大変ですよね。そんな課題を解決するために、第6章では商品開発を成功に導く商品開発マネージメント編を用意しました。
　開発担当者はもちろん、ぜひとも開発責任者と経営者に理解していただきたいと思います。もしも、商品開発で利益を上げたいと願う経営者ならば……。
　なぜならば、本書のタイトルである「ヒット商品」と「儲かる商品」を両立させる経営の鍵がここにあるからです。

# 1 商品開発マネージメントの3要素

　ヒット商品開発にはヒト・モノ・バの3要素があったが、商品開発マネージメントも同様に手法・評価・体制の3要素が必要である。詳しい内容はそれぞれの項目で詳細に解説するが、ここでは大まかに3要素の基本的な機能を説明する。

## 1　手法　(ヒット商品開発手法の確立と維持管理)

　手法の確立はヒット商品開発手法を参考にしながら改善を施し、自社の事情を反映した商品開発手法を確立することになるが、手法は一度確立したからといって安心せず、常に時代の新しい経営手法を取り入れ、経営環境を時代の変化に対応させながら、それに合わせて開発手法のメンテナンスを行わなければならない。

## 2　評価（ヒット商品開発の品質と価値評価）

　評価は商品開発プロセスの各ステップにおいて、開発が正しい方向に向いているかをチェックする監視役機能を発揮するもので、ヒット商品づくりと企業利益の両方を獲得しなければならないことから、それぞれに対応する2つの評価機能を持たなければならない。

### (1) 商品開発の品質評価と管理（ヒット商品の監視役機能）

　これがヒット商品をつくり上げる上で最も重要な仕事で、成功の鍵はここにあると言っても過言ではない仕事だ。

第6章●商品開発のマネージメント

## 商品開発マネージメントの3つの仕事

**体制**
商品開発体制づくり
・商品開発組織の運営
・他部門とのコーディネート
・開発成果の質的統一
　（コンセプト　コントロール）
・コーポレートコミュニケーション

**商品開発マネージメント**

**手法**
商品開発手法の確立
・商品開発担当者の育成
・知的財産権の管理
・商品開発手法のメンテナンス
・CAD/CAM/モデリング
　などのインフラ整備
・顧客情報の収集と評価

**評価**
商品開発の品質評価と
商品開発の市場価値評価
・ニーズの定性化
・商品開発のコンセプト確立
・商品開発の効果目標設定
・投資対効果測定
・顧客満足度評価

なぜかと言えば、商品開発のスタート時点での開発目標設定から商品開発の総仕上げともいう開発成果の評価まで、常に顧客の価値観で商品開発を監視する役割を与えられているからだ。この評価は主として開発担当者と開発マネージャーが受け持つこととなる。

**（２）商品開発の市場価値評価と管理（儲かる商品開発の監視機能）**

この評価に与えられている役割を有り体に言えば、実施しようとする商品開発が「市場においていくら位の値段をつけてくれるのか」を定量的にすることだ。従って開発する商品が属する市場の規模を基本情報に、獲得するシェア・投資と利益・開発成果の経営的評価など、企業利益の獲得を目的に儲かる商品開発の監視役を務めることになる。これは主として商品開発マネージャーと経営者が受け持ち、商品開発の必要なステップ終了時に評価を実施することになる。

## 3　体制（ヒット商品を生み出す開発体制づくり）

本書で提案する＜ヒット！＞商品開発手法は論理的なシステムで構築されているが、そのシステムを運用するのが人間である以上、活動成果も企業の体質や個人的な価値観の影響を受けないとも限らない。

ここではそのような要因の影響を考慮した上で、商品開発担当、商品開発部門、関連組織、企業全体が顧客満足を達成するための商品開発体制をどのようにつくり上げ運用すべきかについて解説をする。

## 2 「手法」自社事情にあった開発手法をつくろう

　商品開発手法の確立は、手法を活用する担当者の育成やコンピュータなどのインフラ整備も欠かせない。開発手法そのものは本書の第2章～第5章を参考にするとして、ここではその商品開発手法の機能を発揮させるための必要事項を取りあげ解説する。

### 1　商品開発担当者の育成をしよう

　当然のことながら商品開発を実施するなら開発担当者を育成することになるが、企業の業態や扱う商品によって求められる開発スキルが違ってくる。メーカーの場合、技術者がマーケティングやデザイン、またはマーチャンダイジングなどの知識を身につけ、顧客志向の開発体制を強化するのが一般的である。

### 2　日常的に情報を収集し開発に備えよう

　開発型企業として活動するためには日常的に情報を収集しておく必要がある。その場合は下記の3点をガイドに専用の情報ボックスを設け、新聞や雑誌など印刷物の切り抜きなどを投げ込んでおくといざという時に大変役立つ。

　　ヒト　社会・生活者意識の調査…常に社会・生活者の動向に関心を持ち情報を収集する。

　　モノ　新商品、新技術情報の収集…常に新商品や新技術の動向に関心を持ち情報を収集する。

ハ　市場動向調査…常に関連するマーケットの動向に注意を払い、市場の推移を観察しデータとして整える。

　これらの情報を一週間に1回開示し、開発に関係するメンバー間でディスカッションを行うことで、マクロ的な状況を把握するなど、開発のキーワードを探る機会とするとよい。

### 3　知的財産権の戦略的運用をしよう

　知的財産権は文字通り企業の「財産」であることから、その取得と管理については自社の開発戦略のシナリオとリンクさせながら、合理的な運用計画を立案することが必要である。同社の属する業界と自社技術に精通する弁理士との契約をお勧めする。

### 4　商品開発手法のメンテナンスをしよう

　企業環境の実態や開発テーマに適合する開発手法の維持管理を常に行い商品開発手法のレベルアップをする。

### 5　開発評価と運用システムをつくろう

　開発の評価基準をつくると共に、開発活動と同調して機能を発揮する評価の運用システムを構築する。詳細は本章の「評価」の項を参照して欲しい。

### 6　CAD・CAM・モデリングなどインフラ整備をしよう

　開発の速度と精度を上げるために、必要なスキルや設備の導入を検討し開発インフラを整備することで開発のスピードと質の向上を図ろう。

## 第6章 ● 商品開発のマネージメント

### 7　顧客・市場情報の収集と評価をしよう

　自社や商品に対する顧客の評価等やクレーム情報等を常に収集し、開発関係者すべてに行き渡るようにするなど、商品開発して活用する仕組みをつくる。

### 8　情報が循環する組織をつくろう

　商品開発のステップ1で行った企業環境分析など、開発に必要な社内情報が常に循環する組織体制をつくる。

## ③ 「評価」商品開発の品質と価値評価

　商品開発評価は、本来商品開発手法の一部である。しかしあえて「評価」を「手法」から独立させ、マネージメントの１要素として取りあげる理由は商品開発を成功に導くためだ。開発の当事者として、評価作業の時は一時開発者意識から離れ、第３者の眼で冷静に監視することが必要である。その実現のために２つの商品開発監視機能を紹介するので、ぜひ活用してヒットし儲かる商品を開発して欲しい。

### 開発プロセスのステップごとに評価を行う

　評価は開発のプロセスと同様に、ヒト・モノ・バを評価項目にすえてある。この理由は開発の各項目に対して同調させた評価を行うことで、開発の狙いを正しく評価しようとするものだ。

### 開発プロセスの全ステップを貫く評価を行う

　開発のプロセスがターゲットの満足を目指して、マクロからミクロに収束するように、評価も開発と連動しつつマクロからミクロへ収束し開発と足並みをそろえ評価し続けることが開発を成功に導く秘訣だ。

### 市場の眼と企業の眼と複眼的な評価を行う

　２つの複眼的な商品開発監視機能は、顧客満足を目的とした商品

第6章 ● 商品開発のマネージメント

# 商品開発の2つの評価

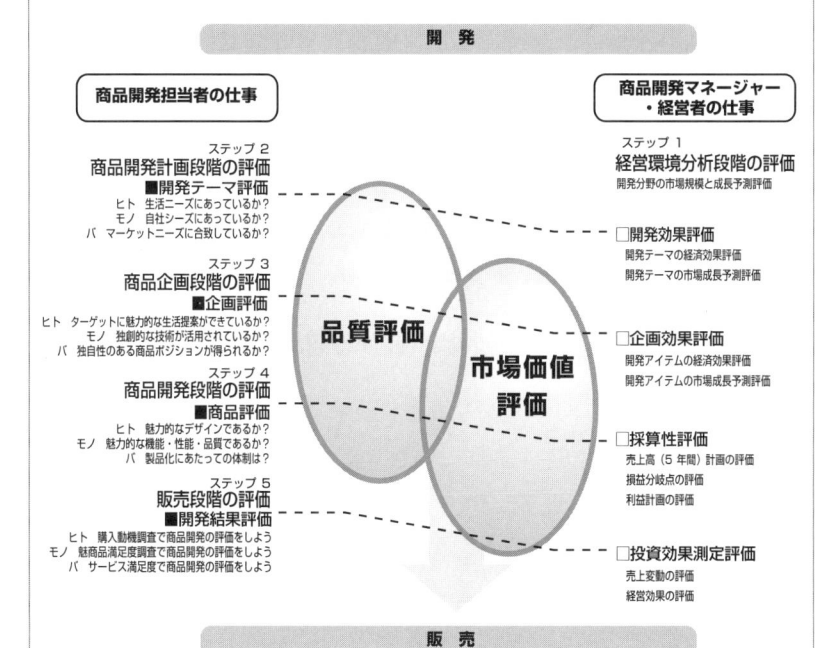

**開 発**

**商品開発担当者の仕事**

ステップ2
**商品開発計画段階の評価**
■開発テーマ評価
ヒト 生活ニーズにあっているか？
モノ 自社シーズにあっているか？
バ マーケットニーズに合致しているか？

ステップ3
**商品企画段階の評価**
■企画評価
ヒト ターゲットに魅力的な生活提案ができているか？
モノ 独創的な技術が活用されているか？
バ 独自性のある商品ポジションが得られるか？

ステップ4
**商品開発段階の評価**
■商品評価
ヒト 魅力的なデザインであるか？
モノ 魅力的な機能・性能・品質であるか？
バ 製品化にあたっての体制は？

ステップ5
**販売段階の評価**
■開発結果評価
ヒト 購入動機調査で商品開発の評価をしよう
モノ 魅商品満足度調査で商品開発の評価をしよう
バ サービス満足度で商品開発の評価をしよう

**商品開発マネージャー・経営者の仕事**

ステップ1
**経営環境分析段階の評価**
開発分野の市場規模と成長予測評価

□開発効果評価
開発テーマの経済効果評価
開発テーマの市場成長予測評価

□企画効果評価
開発アイテムの経済効果評価
開発アイテムの市場成長予測評価

□採算性評価
売上高（5年間）計画の評価
損益分岐点の評価
利益計画の評価

□投資効果測定評価
売上変動の評価
経営効果の評価

**品質評価**　**市場価値評価**

**販 売**

**商品開発の品質評価（ユーザーの眼）**
マーケティングデータの定性化からデータに基づく開発のマネージメント。さらに顧客満足評価まで、商品開発の善し悪しをユーザーの価値観で一貫して評価し、開発活動をマネージメントする。

**商品開発の市場価値評価（企業の眼）**
市場規模予測から投資効果測定まで、商品開発の善し悪しを市場価値の眼で一貫して評価し、開発活動をマネージメントする。

開発の「品質評価」と企業利益の達成を目標とする「市場価値評価」である。2つの評価は商品開発ステップごとに連動して運用されヒットし儲かる商品開発を推進する。

## 1　商品開発の品質評価（ヒット商品の監視機能）

ひとつ目の評価は、顧客価値の「眼」により商品開発プロセスの各ステップで開発の品質評価を実施する。商品開発そのものが予算を使って住民サービスを行う「行政活動」であるとしたら、商品開発の品質評価はあくまでも顧客という第3者の価値観で、「行政活動」に例えられる商品開発活動が正しく行われているかを監視する「行政オンブズマン」のような役割である。

## 2　商品開発の市場価値評価（儲かる商品開発の監視機能）

市場価値評価の目的はズバリ商品開発によってどれくらいの企業利益が期待できるかの目標設定を行い、「儲かる商品開発を管理」することにある。

そのためには商品開発の各ステップにおいて得られた成果を市場価値の目で見て金額に換算することが必要だ。多くの中小メーカーは、商品開発のいっさいを担当者に一方的にまかせきり、開発の成果（利益）だけに関心を示し、開発結果の売上金額でだけで商品開発の成功不成功を論じてきた。

しかし、経営者や商品開発マネージャーとして、商品開発の目的と期待する経営効果・目指すべき市場と獲得する売上などを明確にし、その上で開発計画の立案に関わるべきである。

そして商品開発を市場価値評価基準で冷静に評価し推進すべきだ。

極端な例であるが衰退している市場にいくら開発費を投入しても

第6章●商品開発のマネージメント

期待通りの売上が望めるわけがなく、利益を獲得するには有望市場を発見しその市場規模を金額に換算することから商品開発が始まる。このことは経営と密接な関係があり、この評価はむしろ経営者が率先して実施しなければならない業務である。

## 3 商品開発と連動する評価の流れと評価の個別項目

ここで開発のプロセスに沿った2つの評価の流れと連動をシミュレーションしながら、各評価の項目と内容について解説する。実際の評価項目の設定や評価表づくりは、自社商品の特性を考慮し提示する評価表のサンプルを参考にして作成して欲しい。

### 経営環境分析段階の評価

**ステップ1**

最初に行うことは経営者が開発の目的と目標とする成果を明確にすることだ。たとえば従来商品のモデルチェンジを行い、売上の向上を第一に目指すことと、新規市場に参入して新しい売り上げ先を確保することでは、開発の目的と目標も違い評価項目設定と評価採点基準や加重のかけ方が変わってくるはずだ。

往々にして経営者と開発スタッフとの意識のすれ違いはこのあたりの不鮮明さに起因することが多い。その意味からもステップ1は、経営者や開発マネージャー、そして開発コンサルタントが協力して評価の基盤を築くことが必要不可欠だ。

□市場性評価（市場価値評価）と開発方針の説明
**開発分野の市場規模と成長予測を評価する。**

経営環境分析の結果決定された「開発の大きな方向性」に関連する市場規模と将来の成長について調査し、開発分野としての将来性

227

を評価する。これらの情報を経営環境分析結果と共にそえ開発チームに渡し、商品開発の目的、目標を明確にした後に開発スタートの指示を行う。

## ステップ2 商品開発計画段階の評価
### ■開発テーマ評価（品質評価）
（評価表サンプルを参照）

ヒト　生活者のニーズに合致しているか評価しよう

開発テーマが顧客のニーズを実現できる内容であるかどうか評価する。

モノ　自社シーズに合っているか評価しよう

開発テーマを具現化するに当たって、自社の技術や設備または人材で実行できるか評価する。

バ　マーケットニーズに合致しているか評価しよう

マーケットのトレンド（動向）をつかまえた時流の商品であるか評価する。

### □開発効果評価（市場開評価）
（ステップ2の評価表サンプルを参照）

**開発テーマの経済効果の評価をする。**

開発チームから提案された開発テーマに対して経済効果の評価をする。

**開発テーマの市場成長予測評価をする。**

開発テーマのトレンドを予測し開発テーマを評価する。

**＜商品開発計画段階評価会の開催・企画段階の予算化＞**

開発の品質と市場価値の双方を総合的に「開発評価表」で採点し、

開発のゴーorストップを決定し、次のステップである商品企画段階の予算化を行う。

### ステップ3 商品企画段階の評価
■企画評価（品質評価）
ヒト　ターゲットに魅力的な生活提案ができるか評価しよう

（生産財であればワークシーンに新しい提案をしているか評価しよう）

　企画案がターゲットの生活シーンに魅力的な提案を行い、豊かで快適な生活を実現できるか具体的項目を設定し評価する。

モノ　独創的な技術が活用されているか評価しよう

　技術の新規性や先進性があるか、特許などを取得し他社との技術的優位性があるか具体的項目を設定し評価する。

バ　　独自性のある商品ポジションが得られるか評価しよう

　マーケットの中で独創的な商品分野を獲得できるか、競合他社の追従を許さないオリジナリティーがあるか、具体的項目を設定し評価する。

□企画効果評価（市場価値評価）
**開発アイテムの経済効果の評価をする。**
　開発チームから提案された開発アイテム（商品案）に対して期待される、あるいは目標とした経済効果があるか具体的項目を設定し評価する。
**開発アイテムの市場成長予測の評価をする。**
　開発商品案の市場将来性を予測し得られる経済効果を具体的項目を設定し評価する。

<商品企画段階評価会の開催・開発段階の予算化>
　開発の品質と市場価値の双方を総合的に「開発評価表」で採点し、開発のゴーorストップを決定し、次のステップである商品開発段階の予算化を行う。

### ステップ4　商品開発段階の評価
■商品評価（品質評価）
**ヒト　魅力的なデザインであるか評価しよう**
　　顧客の好む美しさ、使い勝手、環境適合性、個性、新しさなどデザインに求められるポイントを設定し評価を行う。
**モノ　魅力的な機能・性能・品質であるか評価しよう**
　顧客の期待する機能、性能、品質、素材、先進性があるか具体的項目を設定して評価しよう。
**製品化にあっての生産体制の評価をしよう**
　現有の能力、現有の設備で生産ができるか、品質保証、サービス体制の構築に課題がないか具体的項目を設定し評価する。
**バ　競合品との市場競争力があるか評価しよう**
　競合商品との商品力、価格、利益率、販売力などの市場導入計画が十分か具体的項目を設定し評価する。

□採算性評価（市場価値評価）
**売上高（3～5年間）計画の評価をする。**
　開発チームから提示された売上計画を経営的な観点から具体的数字を設定し評価を行う。
**損益分岐点の評価をする。**
　提示されたデータを検討し実現可能な計画であるか評価する。

利益計画の評価をする。
　提示されたデータを検討し実現可能な計画であるか評価する。
＜商品開発段階評価会の開催・事業活動の予算化＞
　ここが開発の最終段階評価で、量産活動には多くの事業予算が必要となるため慎重な評価が求められる。特に経営的なレベルのからの評価は、この項の冒頭に述べたように、開発の売上第一主義の量的貢献を目指す開発なのか、質的貢献を目指す開発なのか、再度開発の目的と目標、得るべき成果をしっかり確認して評価すべきである。それによって評価の採点加重を変えることも必要になる。
　この後は、生産体制、品質保証体制、販売体制、サービス体制を整え事業活動を展開することになるが、評価はこれで終了するわけではない。市場に商品を投入した後に市場調査を実施して、開発結果を評価することが必要で、その情報を次の商品開発に役立てなければならない。

### ステップ5　販売段階の評価
■開発結果評価（品質評価）
ヒト　購入動機調査で商品開発の評価をしよう
　商品の購入者に対して購入したきっかけになった理由を聞き、商品開発のもくろみと合致していたかを調査し開発の評価とする。
　モノ　商品満足度調査で商品開発の評価をしよう
　商品の内容に対しての満足度を調査することで開発商品の評価をする。
　バ　サービス満足度調査で商品開発の評価をしよう
　販売・サービスに関連する顧客満足度を調査することで開発の評価をする。

□投資効果測定評価（市場価値評価）
**売上変動の評価をする。**
　新商品が売上に与える変動を観察し、開発全体の効果の評価をする。これと購入動機評価を関連させて分析すると、開発した商品の売上貢献度と商品仕様を構成する個別項目の評価が可能になる。
**経営効果の評価をする。**
　単純に売上の量的評価だけではなく、経営の立場から売上の質的評価も行うべきである。新規分野売上貢献、新事業開発貢献など事業の将来に与える影響度などをプラスして評価することも重要だ。

## 4　開発成果を定量的に判断する

### (1) 開発の目標と効果を明確にする
　開発でいつも問題になるのが開発の投資効果の評価である。これには開発目標と得たい成果を明確にした上で評価すべきであることを再三述べたが、最終的に利益を確保するためには、開発中においてもしっかり予算管理をすることが求められる。
　そのために下記の考え方で日常的にマネージメントを行うことをお勧めする。

### (2) 開発費を一括した大きな財布に入れない
　なぜかと言えば従来の開発予算管理は一括した「開発費」という項目でくくり償却するため、効果測定ができないのが現実だ。
　開発全体の効果測定ができたとしても、商品や開発のどこが成功して、どこが失敗したのか明確にしておかないと、次の開発計画と予算化ができないばかりか、いつまでたっても結果オーライの開発をくり返すことになってしまう。

### (3) 開発費を細分化して帳票上で管理する
　このようなことを避けるためには、開発費という大きな財布に丼

第 6 章 ● 商品開発のマネージメント

## STEP-2　商品開発計画段階
# 新商品開発計画の個別評価（開発の品質評価）

○○ 年　○ 月　○ 日
氏名 _____

開発テーマ（プロジェクト名）　**創造生活 21 プロジェクト**

**ヒト** ▶ 開発テーマが生活者のニーズに合っているか

- 開発テーマがターゲットのニーズに合っているか

  5 ──── ④ ──── 3 ──── 2 ──── 1
  ぴったり合う　よく合う　かなり合う　やや合わな　合わない

- 開発テーマが生活者にとって新しい暮らしの提案性を持っているか

  ⑤ ──── 4 ──── 3 ──── 2 ──── 1
  強く持ってい　よく持ってい　かなり持っている　やや不足　不足

**モノ** ▶ 開発テーマが自社のシーズに合っているか

- 開発テーマが自社の生産技術・技能に合っているか

  ⑤ ──── 4 ──── 3 ──── 2 ──── 1
  ぴったり合う　よく合う　かなり合う　やや合わない　合わない

- 開発テーマが自社の機器設備に合っているか

  ⑤ ──── 4 ──── 3 ──── 2 ──── 1
  ぴったり合う　よく合う　かなり合う　やや合わない　合わない

**バ** ▶ 開発テーマがマーケットのニーズに合っているか

- 開発テーマがマーケットの動向に合っているか

  5 ──── ④ ──── 3 ──── 2 ──── 1
  ぴったり合う　よく合う　かなり合う　やや合わない　合わない

- 開発テーマが自社の流通ルートに合っているか

  5 ──── ④ ──── 3 ──── 2 ──── 1
  ぴったり合う　よく合う　かなり合う　やや合わない　合わない

勘定で入れてしまうのではなく、開発目標や項目ごとに小さな財布を用意しよう。そして支払った費用に対応する勘定項目を新設して、細かく「日常的に帳票上の管理」を実施すべきである。

### (4) 最もわかりにくいデザインの効果事例で説明する

たとえば、ある商品のモデルチェンジに初めてデザインを導入したとする。デザインの結果を正しく評価するには、最初にデザイン目的とデザイン開発項目を求める成果を明確にすることから始まる。

総予算は100万円だとしよう。これをスタイリング開発に50万円、色彩とブランド開発に20万円、新しい機能開発に30万円として予算設定し帳票上にその項目で記載する。

最終的に開発が完了し、ステップ5の販売段階評価の購入動機調査において、スタイリング、色彩、機能など何を気に入って購入したか、購入者に対してアンケート調査を実施したとする。

さあ、どんな結果がでるだろう？　少なくともデザイ開発項目の何がよかったか評価できるようになるし、次の開発ではデザインの効果を戦略的に引き出すことができるようになるはずだ。

そのような評価手法を開発全体に拡大することによって、開発の投資効果がより明確になるはずだ。

このような商品開発のマネージメントは、本書のタイトルでもある＜ヒット！＞商品開発で利益を上げるために、経営者や商品開発マネージャーの責任として実践すべきである。

第6章 ● 商品開発のマネージメント

**STEP-2　商品開発計画段階**

# 新商品開発計画の個別評価（市場価値評価）

　　　　年　　月　　日
氏名　　　　　　　　　

開発テーマ（プロジェクト名）

### 開発テーマの経済性評価

- 開発テーマが与える経済効果（売上の量的効果）

　　　　5　　　　4　　　　3　　　　2　　　　1
　　絶大な効果　効果大　かなりある　やや不足　効果がない

- 開発テーマが与える経済効（新しいマーケットへの開拓など質的効果）

　　　　5　　　　4　　　　3　　　　2　　　　1
　　絶大な効果　効果大　かなりある　やや不足　効果がない

### 開発テーマの市場性評価

- 開発テーマの市場規模

　　　　5　　　　4　　　　3　　　　2　　　　1
　　極めて大きい　大きい　かなり大きい　やや小さい　極めて小さい

- 開発テーマの市場成長性（5年後の市場規模）

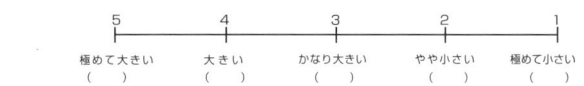

　　　　5　　　　4　　　　3　　　　2　　　　1
　　極めて大きい　大きい　かなり大きい　やや小さい　極めて小さい
　　（　　）　（　　）　（　　）　（　　）　（　　）

- 開発テーマの獲得シェア予測（数値の設定が可能であればより良い）

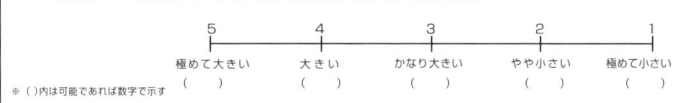

　　　　5　　　　4　　　　3　　　　2　　　　1
　　極めて大きい　大きい　かなり大きい　やや小さい　極めて小さい
　　（　　）　（　　）　（　　）　（　　）　（　　）

※（ ）内は可能であれば数字で示す

### 総合所見（品質と市場価値の総合）

評価責任者

## STEP-2　商品開発計画段階
# 新商品開発計画の評価表

　　　　　　　　　　　　　　　　　　　　　　　年　　月　　日

開発テーマ（プロジェクト名）

| | 評　価　項　目 | | | |
|---|---|---|---|---|
| 開発の品質評価 | 開発テーマがターゲットのニーズに合っているか | | | 0 |
| | 開発テーマが生活者にとって新しい暮らしの提案性を持っているか | | | 0 |
| | 開発テーマが自社の生産技術・技能に合っているか | | | 0 |
| | 開発テーマが自社の機器設備に合っているのか | | | 0 |
| | 開発テーマがマーケットの動向に合っているのか | | | 0 |
| | 開発テーマが自社の流通ルートに合っているのか | | | 0 |
| | 品　質　評　価　点 | | | 0 |
| 開発の市場価値評価 | 開発テーマが与える経済効果（売上の量的効果） | | | 0 |
| | 開発テーマが与える経済効果（新しいマーケットへの開拓など質的効果） | | | 0 |
| | 開発テーマの市場規模 | | | 0 |
| | 開発テーマの市場成長性 | | | 0 |
| | 開発テーマの獲得シュア予測 | | | 0 |
| | 市場価値評価点 | | | 0 |
| 総合評価 | コメント　　　　　　　　　　　　　　　　　　　　　　　評価責任者　　　　　　　　　　　品質得点 ☐ × ＋ 市場価値得点 ☐ × ＝ 総合点 | | | |
| 判　定 | A　　　　　B　　　　　C　　　　　D | | | |

第6章●商品開発のマネージメント

## 商品開発の手法と体制

### ヒット商品ゾーン

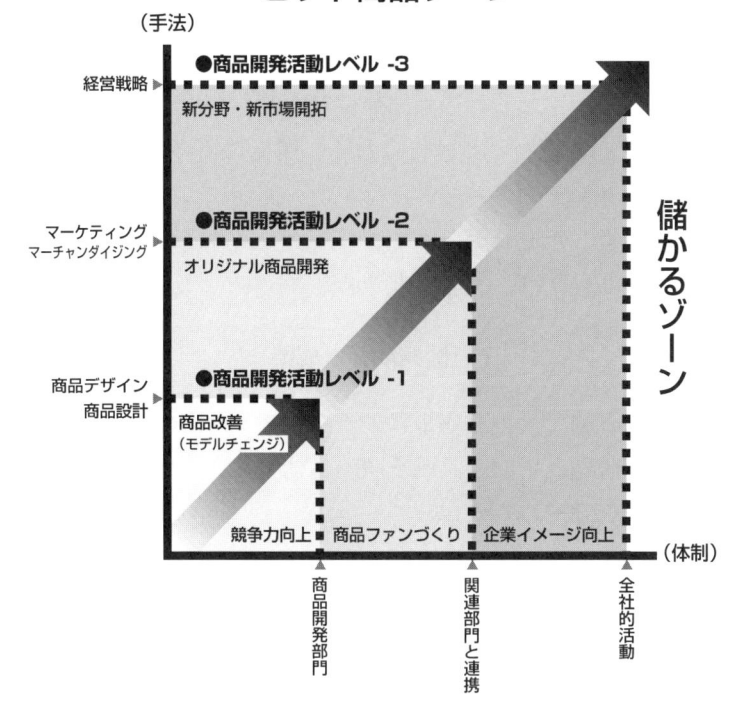

(手法)

- 経営戦略 → ●商品開発活動レベル -3
  新分野・新市場開拓

- マーケティング
  マーチャンダイジング → ●商品開発活動レベル -2
  オリジナル商品開発

- 商品デザイン
  商品設計 → ●商品開発活動レベル -1
  商品改善
  (モデルチェンジ)

競争力向上 ／ 商品ファンづくり ／ 企業イメージ向上　(体制)

商品開発部門 ／ 関連部門と連携 ／ 全社的活動

儲かるゾーン

237

# ④ 「体制」ヒット商品をつくる開発体制づくり

　商品開発の効果はそこに関わる組織の対応によって決定する。開発が担当部門のみで実施されるのと企業全体で推進されるのとでは天と地ほどの差が生じる。商品開発は魅力的な企画と設計図面ができたからといって終わるわけではなく、開発以前の市場調査から、生産、販売、メンテ・サービスそして次の開発につなぐ開発後の効果測定まで一貫した流れのシステムワークであり、どう考えても全社一丸となって取り組むべき仕事である。

## 1　開発体制と成果

　商品開発は目的と求める成果によって、必要な開発の体制が決まってくる。左の図と下記の説明を読み自社の都合に合わせた商品開発活動レベルを設定して欲しい。

**商品開発活動レベル・1**
　従来商品を改善して市場競争力を高め、それを従来市場で販売する「モデルチェンジ型開発」で、開発に必要な手法はデザイン・設計の技術を総合した一般的な商品開発手法である。

**商品開発活動レベル・2**
　このレベルは新技術で新商品開発を行う「新規オリジナル商品開発型」で、求められる開発手法は、マーケティングとマーチャンダイジングの手法を積極的に取り入れる必要がある。

**商品開発レベル・3**

第6章●商品開発のマネージメント

　このレベルは新規市場開拓や新分野の商品を開発する「新事業開発型」で、求められる商品開発手法は、経営者も参画した全社総動員の開発体制が必要である。

　少なくとも中小メーカーの新商品開発は、経営者も関与するレベル・3か、それに準じた体制で望むべきであろう。

## 2　新しい商品開発体制づくり

　経営資源に限りがある中小メーカーの商品開発を成功させるためには、自社の組織を見直して顧客満足の達成を優先した活動ができる体制をつくるべきだ。これは社内に限らず、支援を求めなければならない社外の専門家や協力企業とのコラボレーションの体制づくりも含めたものとして考えたい。

　社長室の机の壁には「社員心を合わせ顧客に貢献しよう」という意味の社是社訓が掲げられていることが多い。

　なるほど立派な理念で間違いはないが、問題は商品開発活動にその理念が反映され、それにそくした具体的な成果を生み出す体制になっているかどうかである。

　ここでは事例を交えて、マーケットインの商品開発を実践できる体制とは、どのようにあるべきか考えてみよう。

### (1) 従来型組織の課題

　ピラミッド型の従来型組織で活動するカメラメーカーがあったとする。新型カメラを開発しようとしている。企画部門は市場調査の結果を分析し、チタンのボディーを持つコンパクトカメラを5万円で売り出す計画を役員会議に提案した。商品開発計画書を見ると特に問題は見あたらない。経営者の決断で開発はスタートした。

　次の開発検討会議で資材購買部門から、外注するチタンボディー

の購買価格が予算をオーバーする旨の報告がなされた。それを受けた製造部門は社内で最近、アルミに表面処理を施しチタンそっくりの風合いに仕上げる技術が開発できたことを、購買価格を十分に下回る情報もそえて回答した。

経営者は、その報告を聞きより利益の幅が大きくなることに満足し、最終商品化の指示を下した。

その結果は……。惨憺たるもので在庫の山。矛先は当然企画部門に集中した。「なぜ売れもしない企画を立てるのか」と……。

事例としてわかりやすくするために話しを単純化してあるが、本当に企画部門の調査がいい加減だったのだろうか？　ここにはいくつかの問題がある。ひとつは商品企画要件の優先順位が整理できていなかったこと。つまりこの場合、他のスペックを変更してでも「チタン素材」をカメラボディーに使うことが顧客ニーズの最優先条件だったことである。

2つめがその企画要件を基盤として構築した商品開発の憲法ともいえる商品コンセプトが、組織全体に染み渡っていなかったことにある。この事例の場合、経営者は企業利益を優先にして正しく判断した。問題は顧客満足を達成する商品コンセプトを基準に、組織全体の開発活動をマネージメントする人や部門がなかったことだ。

## (2) 伝統産地に見る開発マネージャー

金沢の加賀友禅の世界に古来より「しっかり屋」という職業が存在して現在でも文字通り、しっかりと加賀友禅の品質を保ち伝統のブランドを見事に守っている。

織元（クライアント）から依頼を受け、その生地を着用する人（ターゲット）に相応しい風合に織り上げられるか管理し、自らの手で必要な寸法に裁つ、それを下絵作家、染色の職人へ適切な説明

（マーケット情報）を加えながら手渡し、反物から着物（商品）に仕上げクライアントへ納品する。

　しかも、ただ中間に存在して「もの」を手渡す便利屋として存在するだけではなく、染色の施された反物を下絵作家にもどし、ターゲットに相応しい色彩・図案（デザイン）で仕上がっているかどうかなど「しっかり屋」としてのアドバイスも加えながら、作家（デザイナー）と共に商品価値や仕事ぶりの評価（マネージメント）もする。

　このように「しっかり屋」は、織元の信頼を得ながら商品コンセプトを理解し、分業化されたさまざまな作家や職人の間を取り持ちながら、そのコンセプトに合った商品づくりを管理しているわけである。

　これは商品開発マネージメントそのものであり、企業における商品開発マネージャーの立場とまったく同じ役割を果たしていることになる。商品開発マネージャーには格別な才能や教育が必要なわけではなく、ただコンセプトを基本に組織間の隙間を埋める「気使い」の仕事をすることが大切なのである。

## （3）新しい中小メーカーの開発体制

　カメラメーカーと加賀友禅のしっかり屋の例で理解できたと思うが、マーケットインの商品開発活動を実現する「体制」としては、従来の経営者を頂点とした縦型マネージメントの弱点を補う横断的マネージメントが必要なようだ。

　経営者は経営ビジョンを柱に、大所高所から事業活動全般のマネージメントを行わなければならない。そのためには数値をベースとした一極集中の縦型管理が最も効率的である。

　しかし商品開発はもう一方で顧客満足を目指し「顧客の眼」で開

発の品質をマネージメントすることが求められる。そのためには商品開発にかかわる企画・設計・製造・販売の全部門の活動を顧客が満足する「商品コンセプト」によって商品化のマネージメントをしなければならない。

つまり商品開発を成功に導くためには、経営者を頂点とした企業利益追求の縦型商品開発体制と顧客満足追求を目指す商品開発マネージャーを責任者とする横型（サークル型）商品開発体制の相互補完が必要となるのだ。

経営者は商品開発マネージャーが立案する開発計画を顧客と市場価値双方の眼で評価・承認し、経営上から総合的な管理を行う。商品開発マネージャーは顧客のニーズを満たす商品コンセプトの実現を目指して、全組織の商品開発活動から生み出されるすべての成果をマネージメントすることが、これからの中小メーカーの開発体制だ。

その観点から加賀友禅に見る「現代のしっかり屋」的な商品開発マネージャーが、生き生きと活躍する創造的な中小メーカーの商品開発「体制」づくりを実現して欲しい。

## （4）社外とのコラボレーション体制

埼玉県にサイシンフォーラムという異業種の集まりがある。この集まりは「デザインを経営に有効活用する」ことを目的に実施された埼玉県の事業がきっかけになって発足した。

この組織はいわゆるバーチャルカンパニー的なもので、それぞれ自立した事業を営みながら、専門的な経営資源を相互に融通しようとするコンセプトで成り立っている。これは、本書で提案する商品開発を一企業で実践することに困難が伴う企業にとって参考になる活動を実践する組織体だ。

第6章●商品開発のマネージメント

## 開発体制づくり

**従来組織図に当てはめた組織概念図**

- 開発の市場価値マネージメント
- 開発の品質マネージメント

**新しい組織概念図**

- 開発の市場価値マネージメント
- 開発の品質マネージメント

製造：製造計画／部品製造／組立／品質保証
資材・購買：資材調達／在庫管理
開発：製品開発／人間工学／デザイン／基礎研究／プロトタイプ
広告・宣伝：広告／広報／コーポレートデザイン／社会貢献
企画：販売促進／市場調査／価格政策／流通／製品政策
経営者
商品開発マネージャー

### 商品開発マネージャーの立場と役割

経営者の目指す売上・利益・シェア等の「数量的」経営目標を達成するために顧客価値の眼により事業活動を成果の「品質」をマネージメントする。

1. 企業理念と顧客満足達成をベースとした開発ポリシーを、関連する事業部門に伝える
2. 顧客価値の眼で事業成果の「品質」をマネージメントする
3. 継続した事業成果の品質向上により個性ある企業のスタンスを表現する。

243

この組織はデザイン・設計会社5社、コンサルタント会社3社、製造会社5社の合計13社で構成され、会員の商品開発のサポートはもちろんのこと、グループ以外の開発部門を持たない中小メーカーの商品開発を受託している。

＜活動の基本スタンス＞
1. 会員企業の技術、営業情報を開示し合い自社シーズのように扱う
2. 定例会で最新の経営情報を交換し、メンテナンスを行う
3. 開発テーマが発生した場合は、最も相応しい能力を持った会員企業が、開発マネージャーなってチームを結成する。
4. 開発に加わる会員企業のすべてに、開発情報が行き渡るようにする。
5. 開発の推進、結果の判断、評価など開発マネージャーが顧客企業との連携をとって解決する。
6. 開発で得た成果を投資に見合った配分で行う。

　このようにサイシンフォーラムでは、＜新しい中小メーカーの開発体制＞を異なる企業間で構成し、実践することで大きな成果を上げている。
　この体制は、商品開発に必要な人材、設備などの経営資源を自前で専有するリスクを避けることができ、必要な時、必要な分、必要なだけ活用できる合理的な開発体制である。

## 3　商品開発と事業活動

　メーカーの事業活動と商品開発活動の関係を商品開発マネージメントマップの中で見てみたい。
　商品開発マネージメントマップとは、横軸に日々行われている事業活動項目をおき、縦軸にその事業活動を構成する要素をおくと、

第6章 ● 商品開発のマネージメント

## 社外とのコラボレーション体制

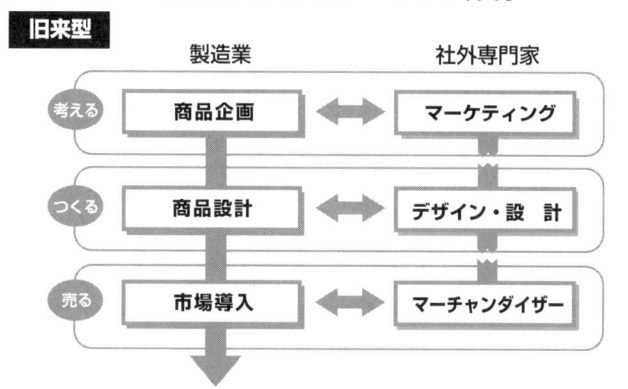

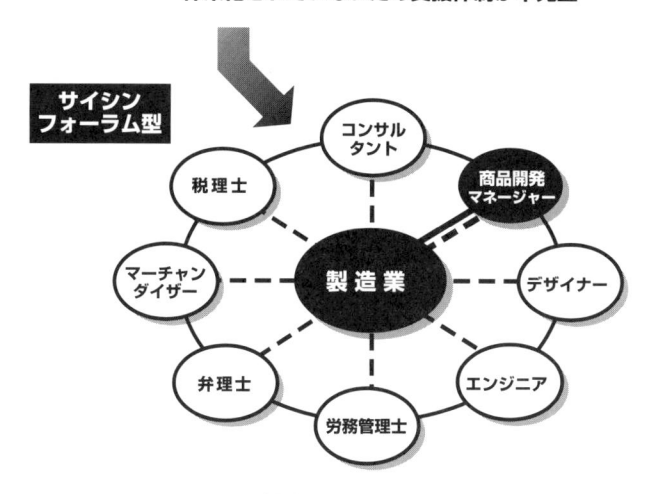

**旧来型**

| | 製造業 | | 社外専門家 |
|---|---|---|---|
| 考える | 商品企画 | ⇔ | マーケティング |
| つくる | 商品設計 | ⇔ | デザイン・設計 |
| 売る | 市場導入 | ⇔ | マーチャンダイザー |

商品開発を支援する社外専門家ノウハウが
体系化されていないため支援体制が不完全

**サイシンフォーラム型**

製造業を中心に、以下の社外専門家が連携:
- コンサルタント
- 商品開発マネージャー
- デザイナー
- エンジニア
- 労務管理士
- 弁理士
- マーチャンダイザー
- 税理士

製造業の商品開発を支援する
総合的な知恵のマネージメント体制

そこには企業における商品開発のビジネスフィールドが見えてくる。

そのフィールドの各マトリックスに必要事項を記入すると「図」のようになる。

どうだろう、特に商品開発が組織全体が連携すべき仕事であることを、ことさら説明を加えなくても、ごく自然に理解できるはずだ。

**自社の実態を把握して戦略的に活動する**

このマップを利用して自社の現状を把握してみることをお勧めする。マトリックスが虫食い状態になって、商品開発の仕事がどこかに偏重しているかもしれないし、もしかしたら経営者が関わっていないかもしれない。

しかし、それなりにマトリックスがまんべんなく埋められていても、それぞれの作業が相互の連携がなく勝手に処理されているかもしれない。その方がもっと恐ろしいことだ。

あなたが最初にこのマップを活用して商品開発コンサルタントのように、自社分析を行い、貴重な経営資源を戦略的に運用できる体制を考え、そして整えた後に＜ヒット！＞商品バイブルを活用して儲かる商品をぜひ開発して欲しい。

第6章●商品開発のマネージメント

## 商品開発マネージメントマップ

ヒット商品開発は、一貫した価値観を共有した全組織の協力（戦略）によって可能になります。

| 要素 | | 1 経営戦略 | 2 商品戦略 | 3 商品開発 | 4 設計・生産 | 5 資材・物流 | 6 営業・販売 | 7 評価 |
|---|---|---|---|---|---|---|---|---|
| | | 事業計画 | 商品企画 | デザイン開発 | 製品デザイン／エンジニアリングワーク | | コミュニケーションデザイン | |
| ヒト | （担当） | ●経営者・役員<br>●コンサルタント | ●経営企画担当者<br>●商品企画担当者 | ●商品企画担当者<br>●ブランナー<br>●デザイナー<br>●各知識専門家 | ●デザイナー<br>●設計者<br>●各知識専門家 | ●設計者<br>●生産技術者<br>●各知識専門家 | ●デザイナー<br>●マーチャンダイザー<br>●購買担当者 | ●デザイナー<br>●マーチャンダイザー<br>●営業企画担当 |
| コト | （活動） | ●社会、環境、生活者、意識、消費動向の研究<br>●産業、関連産業のニーズ把握<br>●競合、商品のシェアの研究<br>●生産設備、素材、工業所有権の研究<br>技術動向、技術革新の研究 | ●定量的マーケティング<br>●方針と調査<br>●当該シーズの支持率と商品要件の確定 | ●ターゲット分析<br>●各種商品アイデア<br>●商品のポジション、デザインコンセプト、デザインイメージの整理 | ●デザイン発想<br>●コンセプト設定<br>●モデリングアップ<br>●デザインの具体化<br>●デザイン提案<br>●デザイン承認 | ●基本設計<br>●試作／実験<br>●生産計画、生産管理<br>●テストマーケティング実験／使用<br>●量産準備 | ●パッケージデザイン<br>●開発コンセプトに相応しい納品、素材、購入と外注加工<br>●作業時間<br>●広告・PR | ●市場導入計画<br>●開発側販売計画<br>●市場導入時の人的体制<br>●マーケティング<br>●市場導入のためのデザイン（作業） |
| モノ | （成果） | ●経営戦略確定 | ●商品戦略確定<br>●開発テーマ決定 | ●開発テーマ決定<br>●開発アイテム決定<br>●コンセプト決定 | ●商品化決定<br>●商品デザイン決定<br>●生産部隊完了<br>●生産 | ●資材<br>●購買<br>●外部流通業 | ●カタログ／販促<br>●ネーミング<br>●ロゴタイプ<br>●ブランディング<br>●広告・PR | ●各種リサーチ<br>●商品需要実態調査<br>●購入動機調査 |
| カネ | （組織） | ●経営会議 | ●経営戦略会議<br>●経営企画会議 | ●商品企画会議<br>●経営企画会議 | ●企画立案会議<br>●開発会議<br>●コンセプト決定 | ●生産部隊決定 | ●営業企画会議 | ●定量的市場<br>●顧客データ |
| カネ | （予算） | ●経営会議<br>●商品企画会議 | ●経営戦略会議<br>●商品企画会議 | ●商品企画予算計画 | ●デザイン開発予算計画<br>●デザイン開発会議 | ●デザイン室<br>●設計室 | ●設計開発外注予算作成予算計画 | ●営業企画会議<br>●各部門会議 |

| | |
|---|---|
| ヒト（担当） | ●経営会議 |
| コト（活動） | ●デザインの投資対効果の評価と開発・予算面からの開発・デザインの評価・財務結果面の整備 |
| モノ（成果） | ●経営企画会議 |
| カネ（組織） | ●商品企画会議<br>●経営企画会議 |
| カネ（予算） | ●市場規模、開発効果予算面からの開発・デザイン開発予算計画 | ●設計開発外注予算計画作成予算計画 | ●デザインに関わる制作関連予算計画 | ●経営企画会議<br>営業企画会議<br>サービス部門会議 |

247

# 第7章

# 〈ヒット!〉商品開発事例

シェア奪還をかけた商品開発物語

第6章まで読み進んだあなたはもう商品開発を実践するのに十分な知識が得られたはずです。「はじめに」のところでも言いましたが、商品開発の教育を受けたプロはいません。総合的に解説されたこの本を読んだあなたが、会社の中で今はきっと、一番商品開発プロフェッショナルに近いところにいるはずです。後は実践あるのみです。

　でも「理屈はわかったけど、そんなにうまくいくのかな？」そんな気分のあなたに最後の一押しをします。それは技術主導の開発から顧客の意見をよく聞く商品開発を実践して、大きな成果を上げた成功事例のお話です。結論は最後に明らかにしますが、夢を全員が共有して頑張り続けた物語です。

## ゲレンデ整備車両の開発事例
## (株)大原鉄工所
## TRIGGERプロジェクトの挑戦

### 国内NO1シェアの誇りにかけて

日に日にシェアを落としていく。

機能・性能・サービス・価格どれをとっても負けていない。

何が原因だろう……？

経営トップは疑問や悩みを感じながら、マーケティングやデザインを活用した新しい商品開発に大原の未来を託し、3年半にわたるTRIGGER－1プロジェクトがスタートする。

この事例は、スキー場ゲレンデ整備車両の国内トップメーカー(株)大原鉄工所が、全社一丸となった商品開発によってシェアを奪還していく3年半の実際に行われた商品開発ストーリーだ。

### モノづくりで企業を変えたい！

(株)大原鉄工所は1904年に設立された新潟県長岡市に本拠地を構える地元の名門企業である。事業は石油地熱掘削機、農業用土木水門、汚泥処理脱水機に加え、雪上用車両の4部門で構成され、国家事業である南極観測隊の足となっている雪上車両の国内唯一のメーカーとして活動し、文部省を通じ毎回社員を越冬隊員として派遣する希有な存在である。ゲレンデ整備車は、札幌冬季オリンピックのゲレンデ整備用に採用され、その後スキーブームの到来と共に日

## 第7章 ●＜ヒット！＞商品開発事例

本中のゲレンデを整備する車両として、おおよそ国内60％のシェアを占めるにいたった。

しかしバブル経済が引き金になり、スキー場がリゾートとしての側面を見せ始めると、高額な外国車両の台頭によって年々シェアダウンを招いて行った。

「価格・機能・性能・サービスのどれをとっても遜色はなく、決して負けているとは思わないが、何が原因なのだろうか……？」「自社開発部隊の技術力と製造の製品力には絶対的な自信はあるが、商品力が不足しているのか……」「それはどうもマーケティングやデザインに原因がありそうだ」。

ここで手をこまねくわけにはいかない。何か行動しなければ、そう考えた経営者は従来と違った商品開発の道を模索し始めた。

### 日に日にシェアを落とす何が原因だろう

この商品はスキーヤーが安全にスキーを楽しむために、しっかり雪上で動き雪を整備してくれれば、デザインや見かけのよさなど必要のない商品だと言われていた。

外観のデザインは一見してわかる通り、アルミ製のキャビンをそのままキャタピラーの上に乗せた、文字通りプロが使う作業車両然とした仕上がりだったが、スキーブームの到来と歩調を合わせ加速度的に売れていく。

インテリアのデザインは、どの装置をどう動かすとどのように作動するのか、直感的に理解

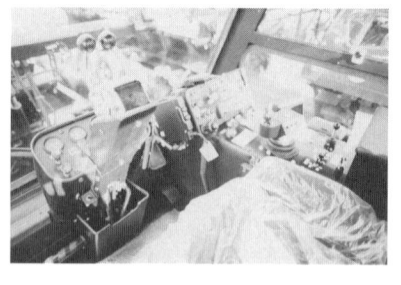

がしずらくインターフェース的にも、やや課題を残していた。

しかし機能・性能では、海外商品と比較しても、決して勝るとも劣らない不動の自信を持っていたし、南極と言う極限に地で活躍する雪上車をつくるメーカーとして、事実オペレーターからは絶大な信頼を得ていた。

やがて時代がバブル経済を迎え、人々がリゾート地で遊ぶようにスキーを楽しむようになると、徐々に売れ行きが鈍ってくる。なぜ売れない……。経営者はその原因がわからないままシェアを落としていく現実に苛立ちを覚えていた。

## 性能を語る前に大きな時代のトレンドを知ろう

ライバルの筆頭であるドイツのブランド力のある雪上車は、バスボディメーカーの居住性のよいキャビンにレカロのシートを搭載して、CDを優雅に聞きながら寒い冬の雪山を快適に整備していく。自社よりも500万円も高い海外車両が売れて、大原の永年築いてきたシェアが日に日に奪われていく。

「もしかしたらデザインに問題があるのかもしれない……。」そう考えた経営者は、コンサルテーションも行うデザイン会社の門を叩いた。

デザイン会社と話を進めるうちに、今までの商品開発は、他社のスペックを上回る性能の製品を、よりリーズナブルな価格で提供する「モノ」の開発に主眼をおき、社会の動

向分析にはあまり力点はおかれていないことに気がついた。経営者は、シェアダウンの原因が不確かではあるが、「時代とのギャップ」にあるのだとしたら、企業を取り巻く大きな社会動向を探ることが必要だと感じ、経営環境分析から開発をスタートすることとした。

## スキー場はスノーリゾートになっていた

経営者は最初の仕事として、デザイン会社に生活者意識や各分野の消費動向分析を依頼し、「今」の時代の顧客が求める商品に対する欲求のトレンドをつかみたいと考えた。それによって開発の大きな方向性を探り出すことから始めた。

その結果、ゲレンデというのはただのスキー場ではなく、すでにウインターリゾートという認識で捉えられ、ゲレンデのゴンドラをはじめとした諸設備が、すべてリゾートを演出する装置としての役割が求められていることがわかってきた。

ところが自社のゲレンデ整備車両は、20年前のイメージを継続しており、非日常的なリゾートを演出するデザイン性に極めて乏しいことがわかった。つまりモノとバの間に大きなギャップがあることが発見でき、ここで売れ行き不振の原因が何となく理解できるようになった。

## マッピングで自社商品のイメージを定性化する

何となく自社商品と時代のギャップが、商品の感性性能やデザインに起因することは理解できてきた。より自社の商品イメージを明確に把握したいとの意向を受け、デザイン会社は商品イメージを定規で測ったように誰もが納得する手法として「商品のポジショニングマップ」を制作した。

これは「マッピング」と言われ、マーケティングやデザインの分

雪上車の外観イメージ調査

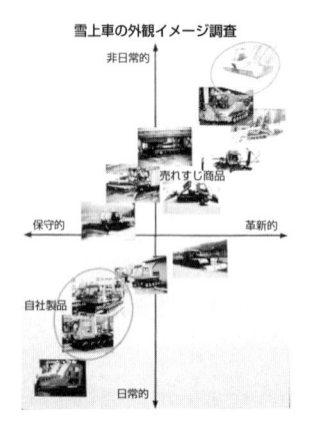

野でイメージ的な事象を定性化するためによく使われる分析手法である。

この手法を使い自社のゲレンデ整備車のイメージがどのように捉えられているかを定性的に把握することとした。

ここでは縦軸の上方に非日常的、下方に日常的という言語を設定し、直行する横軸の左に保守的、右に革新的という言語を設定していくと、4つの現象を持った言語のイメージ世界ができ上がる。言語の設定はマーケットやターゲットが関心を持っている価値観を表す言葉を設定することとなる。この言語世界の中に位置する日本のマーケットに投入されているゲレンデ整備車両を当てはめていくと、自社の商品イメージは、日常的で保守的なイメージであることが判明した。

面白いことに近年売れ行きを伸ばしている商品のポジションを見ると、右上の非日常で革新的な位置を占めている。スノーリゾートという非日常的な「バ」においては、アグレッシブ（革新的）でエンターテイメント性な溢れるデザインが好ましいことが理解できた。これは単純に、格好いいとか悪いとかを論じるのではなく、経営者もエンジニアもデザイナーも、顧客の価値観を基準にした評価をしなければならないことを改めて確認することとなった。

## 商品が働く「バ」であるリゾートの秘密を探る

次に現代のリゾートの先端をウォッチングすることで、リゾートに相応しい商品のあり方を探ることとした。対象は東京ディズニーランド（最近は東京ディズニーリゾートと言う）や、当時大型リゾート地として脚光を浴びていた北海道のアルファトマムなどで、そ

第7章 ●＜ヒット！＞商品開発事例

の中から「好まれるリゾート」の条件を探るため分析を行った。

そこには「もてなし心」とか、そこへ遊びに行ったゲストまでがリゾートを演出するキャスターにさせられていたというしたたかさが見えてくる。

その結果、やはりゲレンデの演出力のあるスタイリングのゲレンデ整備車両が必要であるとか、フレンドリーな感覚のキャビンが必要であるとか、商品開発の方向性に強い示唆を与えるキーワードがたくさん得られた。

このほか、最新の工業製品やファッションのトレンドなど、社会環境変化を深くえぐり出し商品開発の方向性を真剣に探ることになった。

## 「ヒト」「バ」の好む商品イメージの方向性を探る

デザイン会社から、商品の目指すべきイメージポジションとリゾートを演出する魅力あるスタイリングが提案された。

これは事前に商品イメージの分析で制作された商品の「ポジショニングマップ」を手がかりに、2つのイメージの方向性を持つ仮説が表現された。ひとつは非日常で革新的なデザインの「ロボマックス」案、もうひとつは同じく非日常的で保守的なデザインである「ワイルドマイティー」案である。このようにイメージや好みで語られがちなデザインに対しても、顧客の価値観を判断基準に開発すること可能でありかつ重要である。

慎重に検討がなされた結果、「ワイルドマイティー」案の非日常で保守的なイメージ商品分野は、マーケット的に空白地

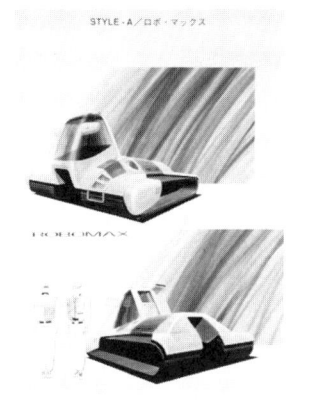

*255*

STYLE-B／ワイルド・マイティ

帯でライバルが存在しないポジションではあるがリスキーでもある。もう一方のロボマックス案は激戦区であるが、非日常で革新的なポジションが顧客ニーズとリゾートイメージに適合することから、この案が採用されることとなる。

## 会社を変革するトリガー（引き金）プロジェクト発進

　商品開発の前に商品を取り巻くさまざまな環境分析を行った。後に、いよいよ実務的な商品開発の行程に入る。マーケティングやデザインを取り込んだ商品開発は、従来の「モノづくり」に積もった時代の埃を払ってくれるよい機会になると考えた経営者から、企業の意識改革も射程に入れた商品開発活動を実施したいとの提案がなされた。

　その成果を獲得するためには、企業の中にもうひとつ企業をつくるイメージで、全組織の代表社員で構成する横断的なプロジェクトを編成することが承認され、本格的に新しい手法の商品開発活動がスタートした。

　それはTRIGGER－1プロジェクト（大原変革の引き金）と命名され今後3年にわたる開発が開始されることになる。

### TRIGGER-1の目的

　経営者は、プロジェクトに対し単純に商品開発を効率よく消化すること以外に、いくつかの使命を命じた。

次の3項目の目標がその目的である。

(1) 「モノ」づくり　全組織の代表で構成したプロジェクトによる商品開発の実施と新しい開発システムの構築
(2) 「ヒト」づくり　創造性を大切にした顧客志向の商品開発活動を行うための意識転換を計る
(3) 「企業」づくり　新しい時代をリードする感度の高い企業体質に転換する

プロジェクトの目的を見ると、この開発活動が魅力的な商品をつくるだけではなく、大原鉄工所の社員と企業そのものを魅力的に変えていきたいという大きな計画であることがわかる。つまり「ものづくり」による企業デザイニングであった。

メンバーは12名で、特筆すべきことは直接開発に関わりがないと思われている総務部門や製造部門、そして購買部門の担当者も入って、まさにオールスターキャストであった。プロジェクト解散後この経験を、それぞれの部門に持ち帰りトリガースピリットを伝播することで、企業の隅々まで顧客志向の「モノづくり」を浸透させよ

## プロジェクトメンバー表

| | No. | NAME | AGE | POSITION | ROLE | PROFILE |
|---|---|---|---|---|---|---|
| 大原鉄工所 | 1. | 大原 | | 経営 | プロジェクトリーダー | 広い視野を持つ。企画・パワーがある。 |
| | 2. | | | 営業 | プロジェクトサブリーダー | 社内では異色な存在。実行力は抜群。 |
| | 3. | | | 営業 | 営業・調査担当 | 検査から営業に移籍。知識能力は十分にあり。 |
| | 4. | | | 設計 | インターフェース担当 | IQは測り知れず。心に熱い血が流れている。 |
| | 5. | | | 設計 | ハード担当 | 能力未知数。デザインに関する興味は最も深い。 |
| | 6. | | | 製造 | 工程・サービス担当 | 製造部秘蔵の期待のエース。 |
| | 7. | | | 製造 | ゴム・FRP・外注担当 | 生え抜きの苦労人。性格は爽やか、人間関係の要。 |
| | 8. | | | 購買 | 部品担当 | 計画、段取りは天下一品。交渉力もある。 |
| | 9. | | | 総務 | 記録・広報担当 | 業務管理力、人事管理力の素質十分。 |
| CREW | 10. | 馬場 | | コンセプトメーカー | ディレクター | コンセプトワークを中心に展開中。 |
| | 11. | | | インダストリアルデザイン | 製品デザイン担当 | トランスポーターが出身地。 |
| | 12. | | | グラフィックデザイン | マーク色彩・VI 担当 | ベーシックデザインには定評有り。 |

うとの経営的配慮であった。

## 開発のスタートはまず調査から

　開発スタート時点で3点セットの調査を実施することとなった。これは「ヒト・モノ・バ」を起点にした調査で、1つ目はスキーヤー（ヒト）に世界のゲレンデ整備車両カタログを見せながら商品イメージ評価を実施した。

　2つ目の調査はオペレーターとスキー場経営者（バ）に対して、自社商品に対する不満や要望をリサーチした。

　3つ目はプロジェクト全員による他社との徹底した商品比較調査

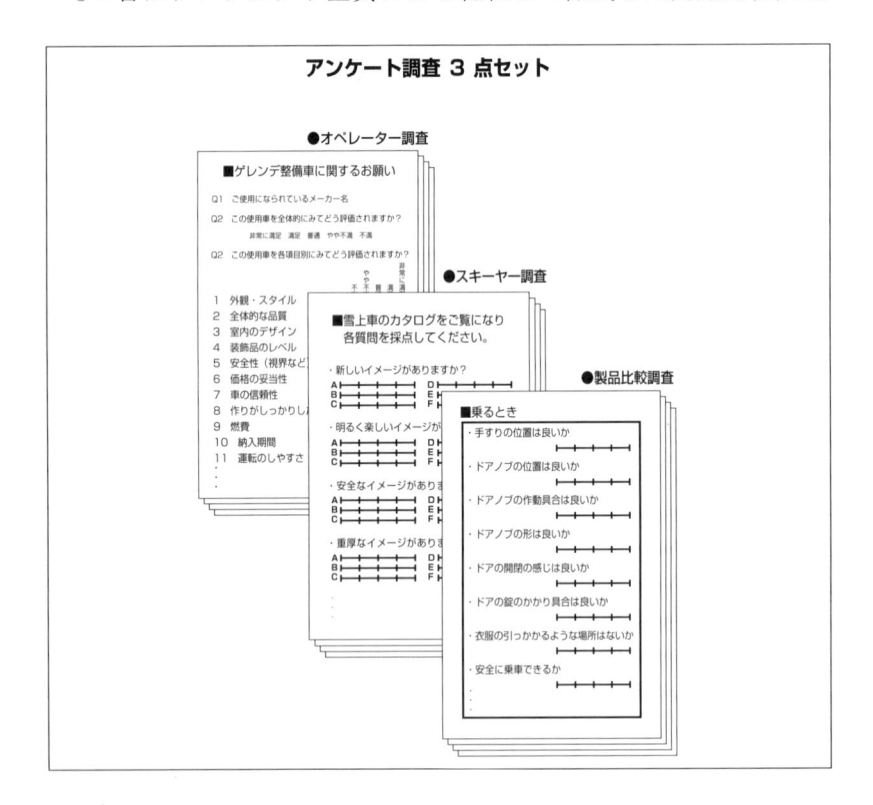

**アンケート調査 3 点セット**

●オペレーター調査

■ゲレンデ整備車に関するお願い
Q1　ご使用になられているメーカー名
Q2　この使用車を全体的にみてどう評価されますか？
　　非常に満足　満足　普通　やや不満　不満
Q2　この使用車を各項目別にみてどう評価されますか？
　　　　　　　　　　　　非　や　普　や　非
　　　　　　　　　　　　常　や　通　や　常
　　　　　　　　　　　　不　不　　　満　満
1　外観・スタイル
2　全体的な品質
3　室内のデザイン
4　装飾品のレベル
5　安全性（視界など）
6　価格の妥当性
7　車の信頼性
8　作りがしっかりし
9　燃費
10　納入期間
11　運転のしやすさ

●スキーヤー調査

■雪上車のカタログをご覧になり
　各質問を採点してください。

・新しいイメージがありますか？

・明るく楽しいイメージ…

・安全なイメージが…

・重厚なイメージが…

●製品比較調査

乗るとき
・手すりの位置は良いか
・ドアノブの位置は良いか
・ドアノブの作動具合は良いか
・ドアノブの形は良いか
・ドアの開閉の感じは良いか
・ドアの鍵のかかり具合は良いか
・衣服の引っかかるような場所はないか
・安全に乗車できるか

であった。その調査内容はメンバー自身が考えたオリジナリティーが溢れた見事な内容であった。

調査項目は、①遠くから眺めてみて、②近くに寄ってみて、③乗る時、④乗って眺めてみて、⑤乗って仕事をしてみて、⑥降りてみて、この６つの項目の下にそれぞれ50門ずつの設問を設定し、合計300項目で構成されていた。

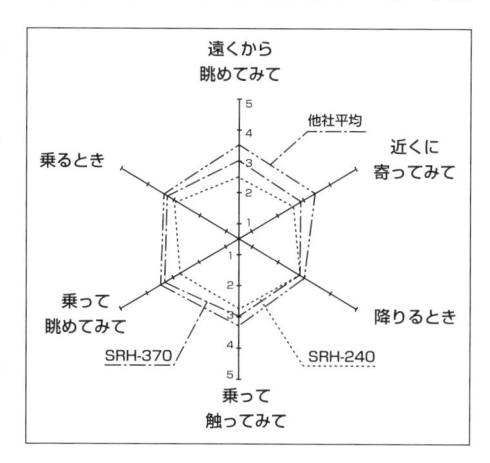

たとえば、③乗る時・手を自然に伸ばした時にドアハンドルがあるか、さらにそのハンドルは適正な力加減で作動するか……など、乗り込むまでの一連の動作を50項目にわたって調べた。

その結果は予想通りで数値に表れる機能・性能は申し分ないが、感性評価が低い。調査結果をレーダーチャートに表すと他社よりも劣るのが一目瞭然であった。このような結果は予想していたものの、シェアダウンの原因が定量的な疑いもない数値として表れてメンバー一同愕然とした。

見方を変えれば幸いなことに、開発すべき項目が具体化されたと考えるべきで、以来この項目の一つひとつについてライバル商品を上回る開発が展開されることとなった。この調査が今後実施される開発活動のすべての基盤情報になった。

### 開発目標はプレステージの育成

手づくりによる調査が終了した後に、この結果から開発目標を定めることとなった。プロジェクトリーダーである経営者から「大原

にかけているのはプレステージ性ではないか……」との呟きともつかない発言が成された時、一同瞬時に同意した。今までの大原鉄工所には見られない感性豊かな反応だった。

シェアダウンを招いた最大の原因が確認できると、プレステージ開発は最も重要な意味を持つ開発目標となった。従来は機能や性能などの数値に表れる機構開発を優先してきたが、初めて商品の魅力やブランドの信頼生を高めることを目標に、「プレステージ性の向上」といったイメージを具体化する商品コンセプトを設定し新しい時代の商品開発が本格的にスタートした。

進め方は、世界中のプレステージ性の高い商品を、クルマ・カメラなど、さまざまな分野ごとにピックアップし、共通の要因を探りそれを自社のプレステージ要因育成条件として設定した。今後はこの条件を満たすことを目標に、或いは評価項目として活用し、アイデアやデザインそして商品設計に活かしたことは言うまでもない。

## シナリオライティング法によるアイデア開発

これは、前述の商品比較調査の大きな6項目をシナリオの基本骨格にして、メンバー全員が小説仕立てで理想的な商品像を描こうとする手法である。

300設問のすべての点を希望点列挙法の要領で、文章により理想的なアイデアを開発した結果、実用新案や特許につながる多くのア

第7章 ●＜ヒット！＞商品開発事例

# シナリオライティング

（プレステージ性に優れた商品を、小説を書くように言葉で開発する）

〈近未来小説〉ROBOMAXストーリー

プレステージマシンRMは、どの様なユーザーに、どのように愛され、そして開発した私たち自身にどのような未来を提供してくれるのか、私たちが「こうありたい」と願う未来像を想像し短編小説を作ってみたい。ストーリーは（オペレーターの一日）と称し次の手順で展開させる。

```
1  主人公、スキー場など背景の紹介
2  R.Mを遠くから眺めてみて
3  R.Mの近くに寄ってみて          2～7 の各項目× 50＝300 項目の
4  R.Mに乗ってみて                リサーチ結果を全て満足のいくように
5  R.Mで仕事をしてみて            希望的列挙法に基づき、ストーリーを
6  R.Mから降りてみて              展開する。
7  R.Mのメンテナンス
8  一日を終えて
```

1.～8.の順にオペレーターを中心に、プロジェクトメンバー、サービスマンなどを
登場させ彼等に具体的な装置を語らせ、ストーリーを完成すること

[例]

1. 木内一也28歳、独身、ROBOMAXオペレータ。今のところ女性にはあまり興味がない。もっぱら冬はスキー、夏はサーフィン。自然を相手に自由な生活をエンジョイしている。一応東京の有名私大を卒業し、あるコンピュータメーカーに就職したのだが、仕事には興味も向上心もあるのだが、周囲に気を使うサラリーマン生活が性にあわず、3年前のある朝目を覚ますと辞表を提出し、その日の内に愛車フォードブレーザーで北海道に渡っていた。

2. 月明かりに照らされた早朝、ROBOMAX-1（以下R.M）はその独特なシルエットを浮かび上がらせていた。遠目に見ても明らかにそれと識別できる特徴的ボディは、照明装置などを含め、余計な突出物のない、まるで海からその身体を出したばかりの海洋動物のようなフォルムであり、水銀灯の照り返しを放つR.Mは、すごみさえ感じさせていた。オオハラ・コーポレーションが持てる力を総て結集したその雪上車は、明らかに革新的であり、3年を経てもまだ充分に先進的であった…。

3. 一也は手馴れた手順で車両の周囲を回り、仕業点検をすませると、改めて近くから愛車をながめていた。冷たいまでの力を秘めたR.Mは近くに寄ってみると、まるで主人を静かに待つ巨人がいかしているような愛らしさを感じた。FRPボディは3年を経過しても材料の特性でサビの発生も無く、ゲルコートの表面は柔らかな曲面との相性がよく、しなやかな優しさを感じさせている。運転席に乗り込むステップは、ノンスリップ処理が施され手掛かりはほど良いところにソフトな感触で用意されている。

4. 乗り込んでみて・・・

5. 仕事をしてみて・・・

6. 降りるとき・・・

7. メンテナンス・・・

8. 一通りの仕事を終えると来客とのことであった。オーハラ・コーポレーションの塚野であった。一也はこの塚野とは、年の差はあるが妙に気があって、押しの近い兄のように慕っていた。一見するとコワモテするお兄さん風ではあるが、彼のユーザーに媚びないかたくななままでR.Mを愛する姿勢と企業スピリットに好感を持っていた。彼の口からこのR.Mを開発したPROJECTの話やメンバー達のあつい思いを聞いたのは一度や二度ではなく、スキー場経営者もこの車を購入する動機となったのはR.Mの素晴らしさはもちろん、彼の商品に対する自信と同僚達への信頼感であったとの事だ。
塚野を通し、一也も経営者もオーハラ・コーポレーションの「モノ」づくりの姿勢 に共感し、まだ見たことにない9人の仲間達が、キャビンから、エンジンからUブレードから、あらゆる部品やその新津や音からもメッセージを送ってくれるような気がした。

このような手順で寄せられた10編の小説を技術、コンセプト、営業サービス、と3つに分類して評価、採点を行い優勝者を決定しました。最後にそれを一編のストーリーにまとめ上げ、私たちの「夢」の目標としたのは言うまでもありません。またそれは、「夢」に終わることなく具体的な装置のアイデアとして完施された数10点は下りません。

イデアが開発された。これは実現性をとりあえず棚上げして「夢」を描くことが求められることから、技術に弱い文系のメンバーの方が既成概念に束縛されず自由にイメージをふくらまることができた。新規性のあるアイデアを発想できる手法である。

また、このアイデア開発はコンペ形式で実施され、優秀者には全員が会費を供出して音をあげるほどお酒を飲ませたという、楽しいおまけまでついた。

## 仮想カタログは一番正直な商品企画書だ！

この段階でデザインチームは、まだ姿形もない新商品の仮想カタログをデザインした。現在では比較的ポピュラーになった手法であるが、当時はまだ珍しい手法で、同じ時期に米国クライスラー社が日本車キラー、「ネオン」の開発にあたり、価格と詳細仕様を設定したカタログづくりから始めたと聞いた。

同じように、ここではデザインチームが掲げた「エンターテイメント」と「フレンドリー」をコンセプトにし、プロジェクトが目指す新商品のビジュアルイメージをつくり上げた。これは開発プロジェクトに大きな刺激とやる気を起こさせる効果的な手法であった。

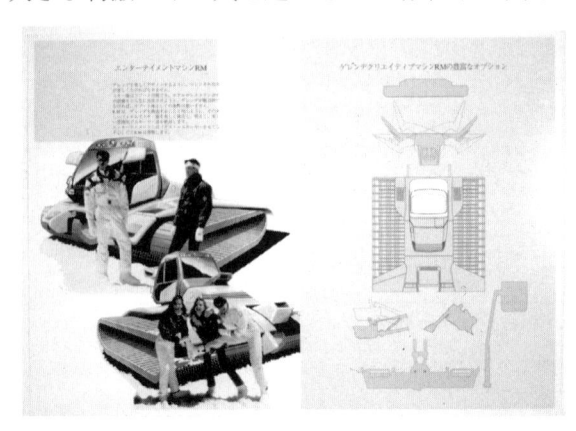

第7章●＜ヒット！＞商品開発事例

## 徹底してコンセプトに拘ったプロジェクト

　スケッチも描かず設計図面も引かず、「まずはコンセプトから」が合い言葉で推進されたプロジェクトも、その最終仕上げで一貫性のある答えに巡り会った。
　ヒット商品として成否を分けるのはこの段階だと言って過言ではない。その意味においてこの事例は、具体的機構開発に走らずじっと辛抱しながらアイデアを発想し、最大の弱点であった「プレステージ育成要因」を定義し、今後の具体的な開発の要件化を行ったが見事であった。

## エンターテイメントとフレンドリーの実現を目指して

### エクステリアデザイン

　商品企画段階が終了すると商品開発段階に入る。デザインと設計は、どちらが先であるべきといった定義はないが、ここではオリジナリティーを重視する意味でデザインが先行した。
　デザインと設計は、先に掲げたコンセプトデザインのテイストを大切にしながら、スキーヤーをもてなすエンターテイメント性溢れるエクステリアデザインを目指し、基本デザイン（設計）、実施デザイン（設計）、モデリング（試作）と順調に推移していった。

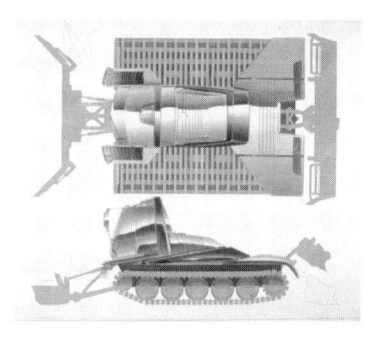

## 1 インテリアデザイン

　室内のデザインコンセプトは、神経をすり減らす整備作業を、安全快適にかつ優れた機能を十分に引き出していただくためにも、優しくオペレーターを迎える「フレンドリー」と設定した。

　人間の触れる機器の開発はで可能な限り、現物・原寸でさわることができる状態で行うことが望ましい。

　ここにもまたユニークなチャレンジがあった。それは車体前方に取りつけられたスノーブレードを、自由自在に扱うコントロールレバーのデザインをプロジェクト全員で行い、最優秀者には好きなだけお酒を飲んでもらう報償つきコンペとしたことだ。

　全員に紙粘土を渡し小学生になったつもりで自分が「これだ」と思ったデザイン案を提案するという仕組みだ。

　なぜこのような手法を採用したのかというと、コントロールレバーは、幅5.5メートル、重さ750キログラムのスノーブレードを巧みに操り、雪を10センチ削るなど繊細な仕事を受け持つもので、とてもデザイナーだけの能力で解決できるテーマではないからだ。

　モデルのでき映えは小学生並であっても、この中には言葉や図面よりも数十倍の情報量が込められ、デザインチームには素晴らしいアドバイスとなった。

　設計担当はさらにペーパーモデルの操縦装置が入る原寸のキャビンモデルまで作成し、整備車の命である視界確保のシミュレーショ

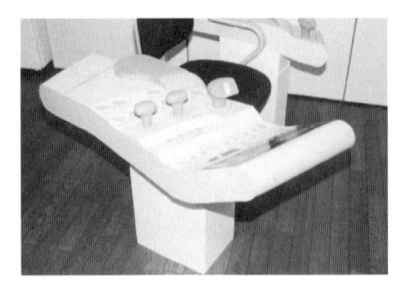

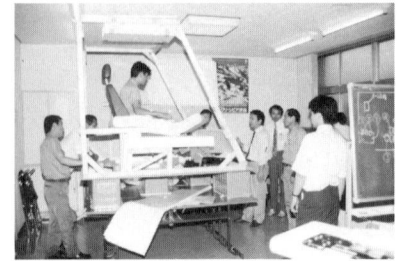

ンを行っている。このモデルは見た目が不細工であったが、操縦に関わる人間工学的な基礎情報を与えてくれた。

　スタディーモデルは、仕上がり感などを気にせず短時間で人間工学的検証を進めるべきで、設計担当者も図面上で数値をにらみながら悩むよりは、段ボールやガムテープなど身近な素材を使って、スピーディーに検討することをお勧めしたい。

## 2　ネーミング・マーク・色彩計画

　この段階は新商品の最終仕上げともいえる段階で、商品のコンセプトを伝える大切な役割を担っている。事例では実際の車両をゲレンデにおいて色彩を練り直している。

　ネーミングとマークは企業や商品の理念を顧客に伝える機能を果たし、ブランド戦略の先兵ともいえるポジションにある。

　事例ではDEERLORD（ディアロード）のネーミングと共に雪の結晶を模したマークを添え、ブランド育成を展開する計画である。

### 商品コンセプトがお客さまとのインターフェースになる

　トリガープロジェクトでは、内覧会を自らが実施する市場導入を実施した。ここで実施された内覧会は商品コンセプトの「プレステージ」をしっかり顧客に伝える観点から、3年にも及ぶ商品開発の経緯を紹介する「開発報告会」と位置づけ、高品質なリゾートホテルに会場を設定し、完成に至る過程をわかりやすく解説したプレゼンテーションボードを用意した。

　ここでの主役は営業を担当するプロジェクトメンバーで、スノー

リゾートを演出するプレステージマシンが、顧客のスキー場の経営向上に貢献することを、＜開発の当事者として具体的な事例を引用しながら＞自信を持って説明をした。

　従来の接客技術中心の営業スタイルから、商品の価値を論理的に伝えるメーカー営業は顧客に信頼感を与えた。通常の営業は新商品が完成した後に販売のためのブリーフィングを受けるが、トリガープロジェクトにおいては、営業担当自身が開発担当であるため、誰よりも知識と愛情を持って新商品のコンセプトを顧客に伝えることが可能になった。

## お客さまが商品評価スタッフになった

　商品評価はプロジェクトの卒業試験のようなものである。この評価は内覧会の中心プログラムである走行会で約200名のプロオペレーターによって実施された。評価方法はSTEP－2で開発メンバーが行った（300の設問のダイジェスト版）内容をそのまま採用。走行後にアンケート方式で実施し期待以上のよい評価を得ることができた。

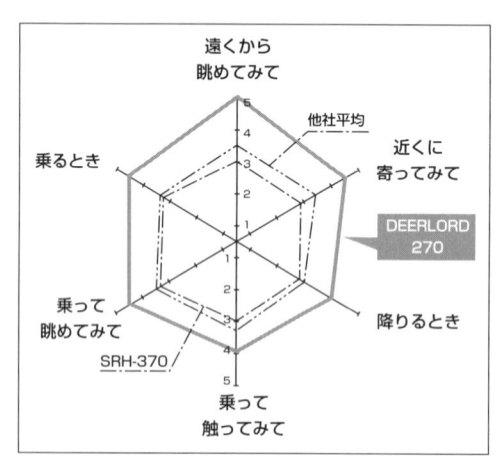

　開発の評価で最も重要な要素がここにある。それは一貫した価値観と方式による調査であり、ト

# 第7章 ●＜ヒット！＞商品開発事例

リガープロジェクトでは6項目×50設問＝300設問の商品調査を基準に、開発目標の設定、開発活動、最終は顧客を開発の卒業試験官に巻き込み、一貫したデータを基に進めていることに着目したい。

## 企業を社会にデビューさせる

　このプロジェクトの目的に、企業自身を商品に見立てて、魅力的になった会社を社会にデビューさせようとする計画があった。

　それには開発当時からの徹底した記録が必要で、そのドキュメントを整備するのも総務の仕事であり、一見地味ではあるが、これからの企業は、社会の一員としての責任が求められることからすると極めて重要なポジションである。トリガープロジェクトでは、この開発は必ず成功するというイメージを持って、業界紙以外のパブリシティーからの取材に迅速対応できるプレスリリース用のキットを常に用意しておくことを心がけた。結果としてＴＶ，新聞、雑誌、何と美術の教科書事例にも取り上げられた。

　このように中小メーカーこそ、お金のかからないパブリシティーを上手に活用すべきである。自己資金で美しい宣伝を行うことも大切だが、公共のニュースの方が信頼感を増すし効果が絶大である。

　中小だからと決してあきらめずに顧客ニーズを満たすことと同じように、マスコミのニーズを把握して、日々情報の整備をしておくことを勧めたい。

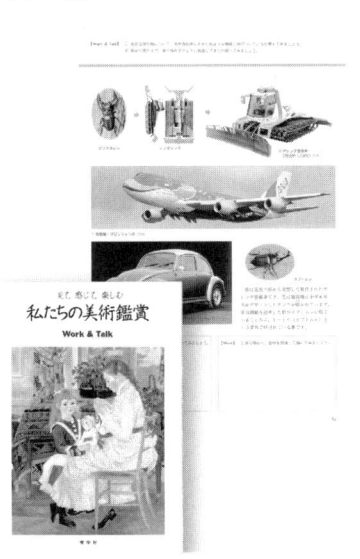

## エピローグ
# ディアロード開発を通して

**企業経営者から見た商品開発**

TRIGGER-1プロジェクトが完了してから6年がすぎ、新商品開発から得られた経営的効果がいかがなものだったのか？

企業経営者並びにプロジェクトリーダーとして大原興人社長から評価をいただいた（下記に原文のまま掲載させていただきました）。現状を打破し新しいステージ目指す中小メーカに対するエールになると思う。

### プロジェクト　TRIGGER-1

1　開発のスタート

従来の日本の中小企業は、低賃金で安い価格でモノがつくれることが生きる柱であった。そこで、大企業のカサの下で言われたことをやって生きる、あるいは大企業のモノマネをして安い価格でコピー商品をつくって生きるというケースが多かった。

しかし、現在は賃金が安いという比較優位性は東南アジア諸国に奪われ、さらに安くても品質の劣る商品は買ってもらえない時代になった。

当社の場合は、幸いにも昔から自社商品を有し、技術力を蓄積してきた中小企業であった。その中で、ゲレンデ整備車両というのはニッチ市場であったが、当時はバブルの全盛期で外国の先進的企業

が次から次へと日本市場に参入し、合計8社で競合する厳しい市場になった。

当社は商品に対しては長い年月にわたる技術の積み重ねがあったが、スキー場がスノーリゾートに変身しようとする時に、価格の優位性や性能だけでは顧客に満足してもらえなくなった。

最近の商品は、まずビジュアルに感じのよいものでなければ興味を示されない。次に触ってみて、感触のよさ、機能の満足度、使い勝手のよさが求められる。これらの4つの要素、すなわち外観、感触、機能、使い勝手の中で機能以外の3つの要素がデザインと深く関わっていることがわかった。

## 2　開発の活動と成果

そこで、当社も商品開発にデザインの要素を導入することに決めた。しかし、初めて本格的なデザインと接する時に、大きな不安が2つあった。ひとつは、機械の導入と違ってデザインは投資効果が予測できないことであった。もうひとつは、デザイナーがデザインの質を追求した時、私たちの要望や事情が聞き入れてもらえないのではないかということであった。

そんな不安を抱えながらスタートをしてみたが、今回のプロジェクトでデザイナーの方の役割は商品デザインというより開発活動のコンサルタントというイメージであった。

後で、このデザイナーの方に「あなただけ特別な考えの持ち主だったのではないか」と質問をしたが、「デザインという仕事のあり方はこれが本来のあり方である」という答えが返ってきた。

こうして、私たちはデザインを通して、商品開発のプロセスをコンサルティングしてもらったと思っている。このプロジェクトを通して最近の経営のメインテーマになっている顧客満足ということを考える意識改革を会社に根付かせたと思っている。

さらに今回の活動のご褒美として、通商産業省グッドデザイン賞の中小企業長官特別賞を受賞させてもらうことができ、自分たちもやればできるという気持ちが社員の心に芽吹いたと思う。

このプロジェクトの期間、私の心は燃え、メンバーの心も燃えた。みんなで楽しい夢を見て実現させた。そして、企業文化が変わり始めた。

## 3 開発、その後

このプロジェクトの後、私たちは若いデザイナーのたまごを採用した。また、新しい加工技術も修得し、デザインの試作も自分たちでできるようにした。現在、この若いデザイナーは、ほとんどの商品開発に何らかの形で関係し、設計室と工場を飛び回り活躍している。

また、商品開発においてコンセプトにこだわるようになった。コンセプトを明確にすることにより、妥協できる部分と譲れない部分を明確にして開発活動ができるようになった。開発部門と生産部門が協力して、コンセプトの実現や代替案の検討をする姿も当たり前のことになった。技術者が顧客の現場に調査に出かける姿も当たり前のことになった。

生産現場においても、美しいものを意識し、部品や製品をていねいに取扱い、工場の５Ｓや美化にも日常的に取り組むようになった。

# 第7章 ●＜ヒット！＞商品開発事例

平成 6 年 通産省（現 経済産業省）グッドデザイン

　現在は、私たちの商品に対する顧客評価は確実に向上していると思う。これからは、自分たちでベストの商品をつくっているという考えを改め、顧客の満足度に敏感に反応する商品開発をさらに進めていきたいと考えている。

　最後に、中小企業において商品開発は技術開発部門にまかせるのではなく、経営者が先頭に立ち全社的に取り組むことにより成功に導く可能性が高まると思う。

　商品の成功は開発して終わりではない。顧客に使ってもらって満足してもらうためには、必ず社員全員の力の結集が必要である。

## ヒット商品アイデア発想の強化には

　アイデアを売れるコンセプトに仕上げる工程を、もっと詳しく知りたい方は、『「アイデア」量産ノート』（明日香出版社　馬場了　河合正嗣　共著）を参照してください。

2001年2月1日

●著者略歴

**馬場　了**（ばば　さとる）

1948年生まれ。日本大学芸術学部美術学科工業デザイン卒。鈴木自動車工業株式会社デザイン課勤務（現・スズキ株式会社）、東京研究所にて新商品開発デザインに従事。その後独立、デザインオフィス・クルー創業、1982年株式会社クルー設立、代表取締役。
(公財)日本デザイン振興会グッドデザイン・フェロー。日本大学藝術学部デザイン学科講師。(一財) 伝統的工芸品産業振興協会産地プロデューサー。(独法) 中小企業基盤整備機構経営支援チーフアドバイザー。栃木県とちぎデザイン大賞（Tマーク）選定審査委員。石川県プレミアム石川ブランド審査委員長。大分県グッドデザイン商品創出支援事業アドバイザー。

独自の商品開発手法である「3×4®」クロス・デザインマネジメントにより、全国の公設試験研究機関の商品開発研修と地域の事業支援、ブランド開発を行っている。企業において新規事業立ち上げ、商品開発マネージメント・コンサルティングから、輸送機器、医療機器、産業機器、情報機器、スポーツ日用品のほか食品など、多岐にわたるデザイン開発を手がける。主な著書に『デザインテキスト』埼玉県、『デザイン導入ハンドブック』(財) 日本産業デザイン振興会などがある。
URL http://ww.crewdesign.co.jp

**河合正嗣**（かわい　まさつぐ）

1961年生まれ。早稲田大学社会科学部卒。株式会社ポッカコーポレーション勤務時に中小企業診断士に登録。退社後2社を経て、現在K-MAX コンサルティング 代表。
中小企業の経営コンサルタントとして、商品開発、経営改善、経営革新で売上・利益増加を数百社以上で成果を上げている。また健康経営アドバイザー（上級）として中小企業の支援も行っている。
中小企業大学校 東京校、仙台校、広島校にて商品開発、アイデア発想法、提案営業等の講師、各地方自治体の産業振興公社、全国の商工会議所、商工会の商品開発講師を行っている。(一社) 東京都中小企業診断士協会顧問、(一社) 中小企業診断協会北海道所属。
埼玉県中小企業支援専門家、日経ビジネススクールオンライン講座「企画書作成」講師、中小企業・小規模事業者ワンストップ総合支援事業専門家、東京都中小企業振興公社支援専門家、埼玉県商工会連合会経営支援事業等エキスパート、東京信用保証協会、埼玉県信用保証協会派遣専門家。東日本大震災復興支援専門家。
主な著書に『アイデア量産ノート』『「勝つ」マーケティングの教科書』『入門！企画道場～絶対ボツにならない企画書の書き方』などがある。
URL：http://shouhinkaihatsu.com/（商品開発支援.com）

本書の内容に関するお問い合わせ
明日香出版社　編集部
☎ (03)5395-7651

---

〈ヒット！〉商品開発バイブル　CD-ROM付き

2001年3月1日　初版発行
2018年9月8日　第15刷発行

著　者　馬場　了
　　　　河合正嗣
発行者　石野栄一

〒112-0005 東京都文京区水道2-11-5
電話 (03)5395-7650(代　表)
　　 (03)5395-7654(F A X)
郵便振替 00150-6-183481
http://www.asuka-g.co.jp

明日香出版社

■スタッフ■
編集　小林勝／久松圭祐／古川創一／藤田知子／田中裕也
営業　渡辺久夫／浜田充弘／奥本達哉／野口優／横尾一樹／関山美保子／藤本さやか
財務　早川朋子

印刷　株式会社文昇堂
製本　根本製本株式会社
ISBN4-7569-0402-5 C2034

乱丁本・落丁本はお取り替えいたします
© Baba&Kawai 2001 Printed in Japan
編集担当　藤田知子